求職

EASY

◎作者：汪心如

JOB

自　序

　　寫《求職EASY JOB》與《面試EASY JOB》這兩本書的動機有很多，但目的只有一個─就是幫助求職障礙者，依據自身的KSC（Knowledge知識、Skills技巧、Capabilities能力），找對職業方向，再透過適當的包裝及加強英語訓練，令資方相信只有你最適合這份工作；還有不論是求職前或是到職後，自己的心態、舉止及談吐都該做怎樣的調適才能勝任愉快，進而成為職場中的佼佼者。

　　因職務的關係，多年來我面試過數不清多少位有潛質的年輕人，東方人、西方人都有。他們雖有璞玉之質，但畢竟不見得每個人都有幸遇到獨具慧眼的雕刻師傅，使自己發光發亮。所以在求職前就必須先有所準備，務必給主試者留下深刻的印象。

　　我國的傳統教育一向強調含蓄與謙虛，故大部分的年輕人於求職時，不懂得在履歷與自傳中強調應有的學養與才幹，內容不是過精簡就是言不及義。面試時表現得過於拘謹和被動，沒有給主試者留下良好的深刻印像。若有幸謀職成功，也沒有在工作中突顯自己，長此以往，你仍是別人眼中的助理小弟、小妹，升遷總是與你無緣。就算跳槽也只能申請等級的職位，換湯不換藥，徒然浪費自己的青春。

　　所以新鮮人要找好工作得要有好的規劃，展現優勢贏得主管的青睞，脫穎而出。儘管你擁有高學歷，畢業於明星學校，沒有好的包裝（一份吸引人但真實的履歷表），或沒有沙盤推演過面試問答練習，就草草上陣，臨場反應不夠，也有可能慘遭滑鐵盧。

尤其目前的台灣就業市場競爭激烈，就算是應徵初級職位都得具備基本英語或其他外語能力。如果你能準備**一份中文與一份英文的履歷表**，面試前也有參考練習本書的姊妹作《**面試Easy Job！**》中所舉的中英文問答題範例，以「熟練的求職英語」回答主試者，要知道求職者是否具備英語能力將影響其薪資高低，且年薪差距可達3萬6千至7萬2千元。

　　《**求職Easy Job！**》囊括求職生涯規劃、如何培養就業實力、認清求職陷阱、撰寫中英文履歷表的竅門與範例、轉型離職的藝術、還有人力資源相關網站等。讀完此書，你已是個求職高手了。

目録索引

NTENTs

contents

contents

一 求職生涯規劃

我是誰？

很多求職者的最大的困惑在於「不知道什麼工作適合自己？」，同時又期盼不久的將來，可以在職場中掙得一席立足之地，並獲得來自工作上的樂趣與成就。因此，選擇一份適合自己的工作，萬萬不可馬虎。求職時，應仔細認清自己的能力、興趣、個性、氣質，根據這四大主要的因素來選擇你的職業。

社會上的每一種職業對工作者的能力都有一定的要求。為了能找到「有用武之地」的合適工作，求職者首先要實事求是地檢測一下自己的學識水平和職業能力，在選擇職業時不能好高騖遠、眼高手低，或單從興趣愛好出發才行。

興趣分為二種：天賦（英文為gift，意即上天賜與的禮物）與後天培養而成。不論是天賦或是後天培養的興趣，都對人的發展有一種神奇的力量。你對某種職業感興趣，就會不斷地在工作中自動加強內心的積極性，努力工作，有助於事業的成功。相反地，強迫做自己不願意做的工作，對自己的精力、才能，及對資

方而言都是一種浪費。

興趣與性向，都是植基於人生願景之上的。一份符合興趣與性向的工作，往往使得工作生涯的發展更爲順暢。找工作，其實就是找出自己的優勢。

根據赫曼（Ned Herrmann）在全腦革命（The Whole Brain Business Book）所提出的理論，人類的思維型態，是由四種不同的思維本體所構成，這四大思維本體包括：

1. 分析家的類型：重視邏輯思考、數字概念，如律師、工程師、股票經紀人。

2. 組織家的類型：重視計畫與組織，一絲不苟，如秘書、行政執行長、公務員。

3. 交際家的類型：重視人際關係與感情，如社工、記者、業務人員。

4. 夢想家的類型：富有想像力與創意，如藝術家、研究員、策略規劃者。

每個人的大腦中，都具備這四種思維本體，但是，在日常生活中，不同的人，大腦運作的方式，會不自覺的偏向其中一種思維型態。找工作時，若能配合選擇最適合自己的思維方式，將會有事半功倍之效。

人說做什麼就要像什麼，但很多時候不是做了以後才會像，而是做之前就得具備一些條件才行。許多工作對個性特質有著特定的要求，要選擇某一職業就必須具備這一職業所要求的個性特質。例如：

✓ 軍警人員就必須具備服從上級、勇敢、有正義感的特質。

✓ 從事文書工作的人就非有耐性、細心不可。

✓ 業務人員就適合一些不愛坐辦公桌、親和力強、反應靈敏的人。

✓ 旅遊業者像導遊要個性開朗，一笑解千愁、隨時且廣泛地吸收新知、未雨籌謀、臨危不亂，見機行事、最重要的還是能吃苦耐勞。

✓ 設計人才需要的是觀察力強、想像力豐富、不怕面對失敗的人格特質。

✓ 做行銷企劃的要感覺敏銳，有洞察力，能看到市場問題、頭腦清楚，找出可行方向、充沛且可實際執行的創造力、忍耐力第一。

✓ 化學技師和技術人員，必須有很紮實的化學、物理、及數學的基礎知識，而且必須具備很強的分析和解決問題的能力，以及耐心仔細的性格與精確操作儀器和實驗的能力。

☑ 而電視新聞記者的最佳特質就得要熱愛新聞、抗壓性高、應變能力強、隨時待命、還有肯吃苦耐勞肯學習。

除了個性特質，不同的職業對人的**氣質**也有不同的要求，因為不同氣質類型的人在生活和工作中，會表現出不同的心理活動和行爲方式。氣質本身並無好壞之分，每種氣質都有積極和消極的一面。有的人活潑、好動，反映靈敏，喜歡與外人交往，所以可能適合當業務員。有的人精力旺盛、脾氣急躁、容易衝動，心境變換劇烈，可能較適合表演工作。有的人安靜穩重、沈默寡言，顯得莊重、情緒不易外露，適合擔任管理階層。有些工程師、分析家、或設計師就顯得比較孤僻內向、行動遲緩，但他們善於觀察他人不易覺察的細節。

雖說氣質是與生俱來的，但也可以經由後天的培養而改變，況且純粹屬於某單一氣質類型的人很少，大多數人都是幾種氣質類型兼具的混合體。因此，在選擇職業時要能夠擷長補短，先認真考慮自己喜歡做什麼，適合做什麼，不同的工作選擇將會給自己帶來什麼不一樣的訓練及成就發展，然後再開始行動。

在選擇職業的過程中，除了要考慮上述的主要因素外，其他例如性別、年齡、身體狀況、所學專業、其社會意義和發展前景如何、工作環境和必要的保障條件怎樣，也都會影響著我們的求職方向。

JOB-SEEKING

找對你的職業型態

　　了解清楚了自身的條件之後，美國麻省理工學院的人力資源管理教授建議下一步就是要找對你的職業型態。

　　首先請各位讀者拿出一張紙，仔細思考以下問題，並將答案記錄在紙上：

- ✓　　學校時投入最多心血在哪些方面？

- ✓　　畢業後第一個工作是什麼？希望從中得到些什麼？

- ✓　　作時的長期目標是什麼，有無改變，為什麼？

- ✓　　後來換過工作沒有，為什麼？

- ✓　　作中哪些情況你最喜歡與最不喜歡？

- ✓　　否拒絕過調動或提升，為什麼？

　　然後根據你的回答，參考以下五類職業型態：

　　專業技術型：著重於自身個性與愛好考量，通常不願意從事管理工作，而選擇優游於自己所處的專業技術領域發展。

　　領導管理型：有強烈的慾望去擔任主管級職務，而實際上他們也具備了經驗與能力可以做到主管職位，因此他們的職業目標是成為單位或部門主管，擁有自己的一片天空。　成為領導階層需要的能力包括三方面：

1. 分析能力：在資訊不充分或情況不明朗時，有自我判斷、分析、解決問題的能力。

2. 人際溝通能力：秉持著一句座右銘：「職位是短暫的，友誼卻是永遠的」，在不傷同事間的情誼卻又能有效率地、圓滑地去影響、監督、領導、與控制各級人員的能力。

3. 情緒控制力：有能力在面對危急事件時，不沮喪、不氣餒，並且有能力承擔重大的責任，而不被其壓垮。

　　才華洋溢型：這類型的人熱中於以自己的能力與資源建立完全屬於自己的東西，或是以自己名字命名的產品，或是自己的公司，或是能反映個人成就的私人財產。他們認為只有這些實實在在的事物才能展現自己的才能。

　　自由獨立型：有些人喜歡獨來獨往，不願呆在大公司裏和同事彼此依賴。有很多這種自由獨立型的人，也同時具備相當高的專業技術。有別於那些簡單技術型的人，他們並不願意在組織中發展，而是寧願做一名諮詢人員，或是獨立，或是與他人合夥開業。

　　安全養老型：這類人最關心的是職業的長期穩定性與安全性，他們為會了安全的工作，穩定的收入，完善的福利計畫與養老制度等付出努力。目前絕大多數的人都選擇這種職業型態，其實是反映了目前社會發展的程度，而並不完全是本人的意願；相信隨著經濟社會的進步，我們將不再被迫選擇這類型。

筆者註：想要進一步地分析你的個性並參考職業配對的建議，你可以做一些心理測驗來找出你的性向。以下的網站是個不錯的選擇，值得一試：

　　　http://www.104heart.com.tw/cfdocs/heart/Top30_a.cfm

　　　http://www.tisnet.net.tw/cgi-
　　　bin/head/euccns?/fashion/heart/test.html

　　　http://www.strongnet.com/jobcq/content/test/default.htm

　　　http://www.cheers.com.tw/activity/change/quiz.asp?etype=msn

瞭解真實的就業市場

　　大家是否想過就業市場上
這麼多的壞消息都是真的嗎？
其實這些消息的確反映出了一定程度的真實狀況；不過，有沒有
那麼壞，就看個人解讀的角度而定了。

　　根據台灣行政院主計處公佈的統計資料顯示，因為全球景氣
趨緩所致，同時也因國內產業面臨轉型的緣故，近兩年來就業機
會減少的產業主要以傳統製造業與營造業為主。但總的來說，工
作機會的確一直減少，加上失業率屢創新高，也就難免讓即將步
入職場的社會新鮮人感到前途無望。

　　如果仔細分析大部分被裁減掉的工作機會，其實主要都是因
為傳統製造業工廠關門歇業，或是縮減生產線所造成的結果。
其數字固然可怕，不過真正直接衝擊到的主要還是四十歲以上的
中高齡工作人，或者高中職以下學歷的作業、生產人員。

　　另外，服務業已經成為台灣產業結構中比例最高的產業，而
實際上工商服務業和社會及個人服務業的工作機會也還在持續增
加當中，所以社會新鮮人求職的處境並不像想像中的那麼差。

理化生，就業前途寬廣

雖說傳統製造業已現萎縮，但在當今工業高度發達並又十分重視環境保護的時代，化學技師（technologist）和技術員（technician）有著寬廣的就業空間。

製藥企業、化學品企業、造紙廠、煉油企業，到處都有化學技術人員的身影。任何用到化學品的企業也需要掌握環境保護和污染控制知識的專業人員來為他們提供服務。

化學技師或者化學技術員的職業領域包括：

☑ 在企業修改、置換和安裝新的設備時，做經濟和技術可行性評估。

☑ 訓練和指導生產線上的操作人員。

☑ 建立和指導化學實驗，運用色譜分析法、光譜分析法、物理和化學的分離技術以及顯微法等多種技術進行測試與分析。

☑ 操作和保養實驗室設備。

☑ 進行樣品分析，以保持原材料和產品的高品質。

☑ 輔助開展化學工程項目,建立和提出標準、程序、健康
以及安全指標等等。

與化學技師或者化學技術員有關的職業有:

☑ 食品技師或食品分析師

☑ 質量控制技師

☑ 測試技師

☑ 實驗室技師

☑ 生物化學技師

☑ 地球化學技師等等

值得注意的是,化學技術領域的就業機會會隨經濟發展型式
有較大的波動,近幾年的增長速度開始放慢,且
大多數就業機會集中在大城市。

驪歌聲起

誰說文史哲科畢業生求職路難行?

一般人都普遍認為文史哲科畢業生的求職機會遠不如理科或
商學生,其實並不盡然。文史哲科系的同學在人際溝通方面,應
該是較有優勢的,比起理科或商學生,他們普遍擁有極佳的語文

JOB-SEEKING

表達能力，對人性有較細膩深刻的了解，能用同理心的角度，傳達關懷，鼓勵別人，且也容易達成協議，創造雙贏的結果。

筆者建議文法科生不妨嘗試去做：行政及人事管理、廣告及行銷企劃、業務、貿易、文案編輯工作、餐管類、社工服務，甚至殯葬業等行業。根據台灣9999人力銀行2002年8月份的調查顯示，因為這類工作的就業門檻（entry barrier）不若資訊、理工等行業來的高，加上目前環境的趨向個人化及專精化，所以其就業機會一直都有市場存在。尤其是最後三項行業，因為市場上供不應求的緣故，出身相關科系的畢業生在找工作時，可是擁有超乎想像的熱門人氣呢。

如果你還是不知道什麼工作適合自己，在目前整體就業形勢趨緊的情況下，大家應有「先就業，後擇業」的觀念。只有先就業，才能在實踐中判斷這個職位是否適合自己。如果決定留在這些領域，事實證明，有不少的傑出成功人士，都出身自冷門的文史哲科系呢。

如果不喜歡留在這些領域，也可以此作為跳板，在工作中根據自身的條件和愛好，再選擇自己喜歡並適合自己的職業。經由相關或相近專業職位的鍛鍊，來培養自己多方面的才能和適應能力，也是一條值得嘗試的成長之道[1]。

最後還是要提醒各個科系的畢業生，求職時應避免直線思考，不要限定唸了中文系就要做教師，新聞系就要當記者或是主播，其他與此相關科系的工作都可以列入選擇，如此才不會成為長期失業大軍的一份子。總而言之，只要有自信、尊重工作、熱愛學習，你可以是任何領域中的佼佼者。

高學歷≠高成就

人往高處爬，所以希望在學歷上能先高人一等，以時間換取空間及相對的功名，這是聰明的選擇。事實上擁有研究所以上的學歷，在就業市場上的確占有相當的優勢[2]，但擁有**MBA**的頭銜就等於求職過程會一帆風順嗎？這可不見得。對一個略帶青澀，又沒有等重的工作經驗的**MBA**來說，想要一蹴可及，迅速覓得一份稱心如意，位高權重、薪資優渥的職業，幾乎可說是天方夜譚。

[1]根據CHEERS雜誌報導，目前十五大熱門轉職領域為半導體、電腦、資訊通路、資訊服務、紡織、汽車、食品、清潔用品、飯店、廣告、批發零售、軟體、電信、網路通訊、金融等行業

[2]根據中時人力網（CTJob）針對2002年10月份上網求才的廠商所提供的職缺，就求職者的學歷來分析，發現要求具備大學學歷者有89.67%，碩士學位者達86.26%，博士學位者有80.89%，專科學歷者58.35%，高中職學歷者0，而高中職學歷以下者只有18.76%。很顯然地，在職缺僧多粥少的情況下，大學以上的高學歷已是在就業市場中生存的基本條件了。

JOB-SEEKING

　　各位一定要知道一件事情：「高學歷」不代表「高素質」。企業需要「高素質」的人，但高素質包括哪些條件呢？專業知識、一般通識、規劃的能力、執行的能力、Leadership領導才能、Communication溝通的能力，還有良好的品德、健康的身體。

　　有許多高學歷的年輕人，一進企業就「陣亡」了！這些頂著高學歷桂冠的年輕人，像空降部隊般到公司來任主管職，原來的那些員工就變成了「被空襲」的人，自然會因此而備感威脅而對他/她產生敵意。而且高學歷的人很容易覺得自己高人一等，動不動就說「這樣不對」、「那樣不對」，所以員工們就會說：「那我們這麼多年都白做了，通通讓你來做好了？！」。　人家就算看到前面有個洞也不會去警告你，等著看你跌得鼻青臉腫，最後真的跌下去，你就「陣亡」了。

　　想要被大家接受，成為成功人士、企業的寵兒，主要的關鍵在於工作態度，高學歷只能幫助你接近核心高層，是一條捷徑而已。如果一開始就做到主管的職位，但不了解基層作業等於做事只做了一半，心高氣傲卻又眼高手低，不肯虛心受教，那麼有高學歷與捷徑也沒用。要知道傲氣不等於傲骨，做人要有傲骨但不可以有傲氣。

　　MBA們既然先天上就具備了專業企業管理知識，潛力與機

會都比別人多，離成功的距離欠的只是後天上的工作態度而已。所謂「機會是人給的」，所以有高學歷者除了要勤奮工作外，還要盡心培養與上司、同事和部屬之間的關係。凡事可趕不可急，「趕」是有計畫的加快速度，「急」則是亂了方向盲目的加速。有些事情是急不得的，必須按部就班地來；就像爬樓梯，你一次跨好幾級也可以跳上去，也很快，可是那樣腳步就不穩了；人的年齡和實力都是以穩定的曲線成長的。

　　筆者當年有位同學有幸很早就找到一份高薪的工作，一開始薪水比我們都高，可是後來，她的薪水成長得很慢，我們的薪水增加速度比較快，三五年之後，她的薪水反而沒有我們多了，而且職銜也沒我們稱頭。她覺得自己很空虛、肚子裡沒有東西，感覺非常驚慌。所以按部就班、一步步來是非常重要的。

　　假如你的年齡、你的成長和你的收入不成正比，忽然有一個過高的收入，這並不是一件好事。第一次賭馬就贏的人、和第一次做股票就大賺的人，都是最慘的。因為他們會以為自己成功了，最後總是會賺小錢、賠大錢。

很多人一開始就問「我有什麼權力？我能得到什麼？」接著才問「我該做什麼？」，這樣的人，企業不會喜歡的。反正你做的事情、你背負的責任要是超過了你的權力，大家的眼睛都看得見，你的主管也看得見，他會知道你做多了。反倒是那個老是在計較的人，結果都不是太好。

所以，只要有「責任永遠大於權力」的觀念，並落實到工作態度上，以主動的精神去承擔責任，你絕對是贏家。換個角度想，事情越多代表越受上司器重，老闆可是付你錢來讓你發揮潛能的喔！所以不要怕失敗，天塌了還有高個兒頂著呢，不怕碰壁，也不要怕吃苦，假以時日，一定能成就一番事業的。

成功之路的運算法則

筆者多年前看過一篇勵志的文章，內容提到一則運算公式讓我一直牢記於心，它清楚地解釋了知識、努力、與態度，孰輕孰重：

如果將字母A到Z分別編上1到26的分數，即A=1,B=2...,Z= 26

A	B	C	D	E	F	G	H	I	J	K	L	M	N	O	P	Q	R	S	T	U	V	W	X	Y	Z
1	2	3	4	5	6	7	8	9	10	11	12	13	14	15	16	17	18	19	20	21	22	23	24	25	26

你的知識（Knowledge）得到96分，(11+14+15+23+12+5+4+7+5 = 96)；

你的努力（Hard work）也只得到98分，(8+1+18+4+23+15+18+11 = 98)；

而你的態度(Attitude)才是左右你生命的全部，(1+20+20+9+20+21+4+5 = 100)。

　　當然這個成功之路的運算法則並不侷限於高學歷人士，我們每個人都應將此法則奉為圭臬，身體力行才是。

　　建議**MBA**們從事的行業包括：管理顧問業，廣告行銷業，及投資銀行業。與其他行業相較，以上這些行業都能為**MBA**提供了參與全面管理的機會；也因為這些行業的本身充滿了挑戰性與極大的變化性，所以對從業者的適應能力要求更高，也都需要他們參與企業決策。這些行業也為年輕的**MBA**們提供了接觸企業高層的機會；而且都能通過交易次數與金額、市場佔有率、投資報酬率、客戶忠誠度等資料，直接讓企業體現他們的工作實績。

好工作的十大特徵

錢多事少離家近、睡覺睡到自然醒、位高權重責任輕；
老闆說話不用聽、五年就領退休金、領錢領到手抽筋；
旅遊出國休假勤、股票分紅拼命領、出差作事別人請；
金融風暴不擔心、月月出國去散心、雙B跑車任我行；
金卡銀卡刷不停、吃喝玩樂錢照領、全家出遊有獎金；
回來聊天談事情、經理來了不用停、只說謝謝你關心；
下班走人你最行、上班在家吃點心、遲到說是出外勤；
說了只有鬼相信、哪有這等好事情、原來作夢還沒醒；
醒來只有酒一瓶、藉酒澆愁撫心情、沒有付出沒報應。

找一份好的工作是每個人的夢想，但除了上述的打油詩外，你真的能夠具體的形容什麼工作才夠稱的上是好嗎？以下列舉了十項好工作的特徵，但請記著，世事無完美，這個世界上大概很難找到一份工作是完全符合這十項的，所以不要貪心，你的工作能符合其中幾樣也算很不錯的了。

1.完善的福利待遇

不是只有薪水才是收入，薪假、工傷、醫療、保險、宿舍等完善的福利待遇也是你收入的一部分，加起來也是很可觀的呢！

2.合適的工作領域

興趣是最好的老師。合適的工作、熟悉的領域有助於自己才智的發揮，硬著頭皮在極端厭惡的環境中死撐，無異於壓縮自己的激情與生命。

3.良好的企業形象

名牌效應會使人刮目相看、肅然起敬；同樣，如果你能在世界知名的大公司上班，即使做的是基層小職員的工作，也會信心百倍，倍感珍惜，並相信你將獲益匪淺。即使有一天加入了求職者的行列，出身名牌企業的工作經歷，也會讓徵才廠商對你另眼相看的喔！

4.有序的制度管理

　　制度法治大於總裁人治；按章辦事，獎罰分明。有序
的辦公環境可排除許多干擾和人為因素，有助於工作
效率的提高，也有助於員工業績的實現。

5.開明的管理層次

　　搞政治、鬧窩裏鬥的領導團隊無異於玩火，不但會殃
及員工，影響工作情緒，最終還會拖垮企業的競爭
力。開明的領導階層既能保證公司健康發展，又可以
給員工很大的吸引力，大家同舟共濟，再大的險阻也
不怕。

6.融洽的同事關係

　　同事間團結、互助、眞誠合作，即使收入低一點，但
工作環境輕鬆，比起勾心鬥角、相互拆臺的險惡環境
更能體會到工作的樂趣。

7.誘人的發展前景

　　儘管目前在公司發展不很如意，但公司發展潛力大，
能保證你至少工作十年以上，那就努力做下去吧。忙
著跳槽（請參考第三章：你在考慮跳槽或轉型嗎？）
很可能會越跳越糟，說不定到頭來會一事無成，兩頭
落空。

8.良好的培訓機會

對於員工來說，糊口是最低要求，他們更重視的是在工作中通過良好的學習培訓掌握各種謀生的本領。一個重視對員工培訓的公司，既對人才具有極大的吸引力，也表明了企業本身追求發展的長遠眼光。

9.公平的升遷機會

效法堯舜，用人惟賢不惟親，不拘一格選人才，平等的發展機遇給人才成長提供了良好氛圍，既留得住人才，又能充分激發人才潛能。

10.暢通的言論自由

不壓抑、不打擊、不報復，暢所欲言，人微言重，給員工極大的民主自由，員工會以自己是公司的「一份子」而誓死效忠。讓員工在極端專制的高壓下苦熬而人人自危，這樣的工作氣氛即使日進斗金，又有何留戀？

培養就業實力

在了解了好工作的定義後,我們自身是否又具備了應徵好工作的條件呢?對大部份社會新鮮人來說,如果畢業後才驚覺自己的條件差人一大截,在起跑點上,就已經輸給那些懂得把握在校的黃金歲月來儲存實力,個性積極,做事又有計畫的同學了。

但別著急,西洋有句諺語說「It's never too late.」,而且畢竟還年輕,才20歲出頭,你可以參考以下的辦法來提升你的競爭力:

1. 俗話說「技高人膽大,藝多不壓身」,所以報讀幾門實用的進修課程;參加青輔會、資策會、外貿協會…等機構所舉辦的專業訓練課程都是不錯的選擇喔。

2. 加強外語的讀、聽、寫能力。

3. 聯合國對文盲定義中有這樣的新解釋:「……看不懂現代資訊符號、圖表的人是文盲;不能用電腦進行資訊與管理的人是文盲。」所以我們平日要多練習常用的電腦套裝軟體及其操作技巧。

4. 參與社團活動以培養企劃與領導的能力。

5.每週花一、兩天從事義務性的工作，一方面可以獲得一些新的技能，另一方面也有可能遇上提攜你事業上的貴人。總之就是要積極爭取與未來就業相關的打工或實習機會，就算是No Pay的義工都值得。

6.除了找自己的工作機會外，也多留意各類的徵才廣告以了解就業市場的需求與變化。

7.透過Internet的蒐集，還有電視、電台的新聞或資訊節目讓自己「泡」在資訊的環境中，特別是與未來就業領域的相關訊息及動態。

8.參加國內或國際性的專業活動，以便隨時掌握產業最新脈動。觀察時代潮流方向，多想、多看、多聽、多問，以了解市場需求，鎖定目標後，全力厚植專業素養及建立產業熟悉度。

9.考慮先接受臨時性的工作，藉此也可以獲得新的人脈與技術。

10.強化你的人脈存摺。如果你是上班族，擔心因為時代腳步太快，隨時都可能面臨喪失優勢的威脅，因此除了積極培養第二專長，為轉型做準備外，花時間和毅力深耕人脈更是不可或缺；畢竟人脈不是一朝一夕就能無中生有，耕耘人脈雖然辛苦，但一旦建立起來，事業將如虎添翼，不論職場工作或準備轉型，都將左右逢源。

11.隨著地球村的來臨和國際化的經營方式，市場的更新越來越快，對人的素質要求也越來越高，具備**複合型**（即多功能人才，特點是多才多藝，能夠在很多領域中大顯身手）、**創造型**（就是創造力很高的人才）、**團結力量大型**（提倡團隊精神，把自己的個人性融入到團隊中去，減低個人作用，強化群體作用）素質的人才是將來企業發展所需的關鍵人才。

在一片不景氣的環境中，能找到或還保有一份工作已屬幸運，但工作不等於職業，工作可能只是一時的，而職業則是指你一生的志業。「不謀全局者，不足以謀一域」；不想當元帥的士兵不是好士兵，同樣，沒有自己理想並時刻為之而努力的打工仔，永遠只能是打工仔，一個糊口者而已！

是打工糊口，還是發展事業？兩者之間的差別並不在薪金與工作的穩定性，住於你是否時刻有新的想法，新的創意，不停地學習，不停地實踐。在打工的時候，知道自己該做什麼，有意識地培養自己的「核心競爭力」，知道自己該培養什麼能力，才能不斷地提升自己在行業中的地位，不也可以稱得上是事業有成嗎？！

二 求職技巧面面觀

徵才廣告怎麼看？

閱讀徵才廣告有幾個重點：

1. 釐清工作類型：行政、財會、行銷、業務、電機、技術、電腦程式⋯⋯等。

2. 是否為知名企業？商譽如何？

3. 公司介紹：營業登記證或公司統編（是否合法登記立案）、公司規模、是上市還是私人公司、經營類別、地點環境是否交通方便、該行業有無潛力、未來的發展空間⋯⋯？

4. 工作內容是否適合自己：有把握能做的好嗎、要不要經常出差、安全性、有無提供訓練或宿舍、待遇如何⋯⋯？

5. 自己是否合乎資方的規定：年齡、資歷、語文、個性特質⋯⋯等要求。

6.除了廣告中的介紹，你也可以經由以下的管道取得更詳細的公司資料：（1）上網利用搜尋引擎（search engines）找公司網址，（2）經濟部的企業資料庫（請參閱本章的安全求職須知）。

7.看看以上六點是否合乎你的期望，才能決定你是否要應徵。

8.若決定要應徵了，根據資方背景/工作性質來決定用中文，或英文，或二者兼備的自傳履歷去應徵。要注意截止日期及收件人名稱，還有直接上公司網站申請是否為優先處理？

9.履歷表中一定要註明應徵項目及其代號，以利資方辨識。

從字面上認清求職陷阱

根據一份網調顯示：

「公司營業項目與人事廣告說明不符」，佔了55.4％

「工作內容與面談時議定的內容不符」，佔50.2％

「利用找工作的名義趁機拉保險或推銷東西」，佔了49.2％

有很多的徵才廣告的內容本身就已經擺明了他可能是一個陷阱。怎麼說呢？例如：

*毋*需經驗，年薪百萬

在現在這麼不景氣的環境下，看到這種廣告詞，相信很少有人會不心動的。通常有兩大行業的徵才活動會用這樣的廣告詞：直銷和色情公關公司。

除了這兩大行業之外，當然也有很多正派經營的公司請業務員時，會用這樣的廣告詞來徵才。怎麼分辨呢？

1. 直銷行業不是說不好，只是它通常會要求應徵者先繳一筆「說明會費」、「材料費」、「會員費」，再給你一批貨，至於賣不賣的出去，則是各憑本事。
   如果你手邊有一小筆資金，有充分的人際網路、對銷售有濃厚的興趣，但又不喜歡固定的上下班制度，看老闆的臉色，和可能的辦公室政治，直銷其實可以是你自行創業的另一種選擇。

2. 正派公關公司的業務員也有可能「月入數十萬」。你可以根據以下資訊來判斷有沒有色情成分：是否為知名企業、核根據公司的名稱或統編，去經濟部查詢其行業類別。要更仔細的話，你甚至可向經濟部的相關單位，查詢該公司是否有過商業犯罪紀錄。

誠徵內勤或辦事人員

現在有很多的徵才廣告僅以「某大公司」為名，經常連續性地刊登數週或數月的徵才廣告，標明「待遇豐厚、工作輕鬆、純內勤、免經驗、可借貸」，但沒有列明工作內容，也沒有要求一定的學歷及專長，聯絡方式只有一個郵政信箱、電子郵址、手機號碼或0800免付費電話；這時候很多的新鮮人就會想，既然沒有什麼限制，不妨一試。其實這是許多不知名的保險公司想拉業務，還有投顧或未上市公司想找人頭，常用的廣告辭。

筆者認為，既然該公司沒有誠意出示公司名稱，也沒有財力刊登大一點兒的欄位列明工作內容，你大可把你的精力用在過濾其他的徵才廣告上，別浪費時間了。

如果你不同意筆者的看法，認為工作難找，有機會就別放棄，還是遞交了你的履歷表。你可以在對方與你電話聯絡時，問明公司名稱、營業登記證、或公司統編（是否合法登記立案）、工作內容、公司業務內容（即了解公司是以何種方式賺錢的）、地點環境。如果對方支吾其詞，一再地勸你「來了就知道」，這就是一定有問題的了，千萬別冒這個險。

公司名稱、地址與登記資料不符

有些公司的名稱或地址在廣告中刊登的
是A名稱或地址，但你從經濟部查到的資
料，或對方在電話中給你的卻是B名稱或地址。這有可能是該公
司正逢轉型，或變更公司的持有人，或搬家了；而這些資料送到
經濟部，還需要幾天的時間才能完成作業，所以地址不同；但也
有可能是該公司冒充其他公司，進行詐騙吸金。

如果是前者，你可進一步的要求對方提供其律師或會計師的
資料（公司的任何更改，都必須先經律師或會計師的審核認
證）。別不好意思或怕對方認為你很龜毛，而毀了你的求職大
計，其實這是一個很好的機會顯示你的細心與專業。任何正派經
營的公司，都會諒解你的疑問，並且會很樂意提供的。

安全求職須知

世風日下加上經濟不景氣，筆者建議各位應徵者在求職前，
先對徵才廠商做些徵信的工作，保障你的安全。其中最方便，快
速的管道就是上網查詢了。你可以透過以下的政府網站找到該公
司的基本背景資料，包括：

1.公司是否有登記

2.公司地址是否正確

3.公司業務內容是否相同

4.公司資本額與公司聲稱有無出入(有些公司會誇大公司,
可由此點看出是否有問題)。

欲查詢相關網站請參考本書「附錄一:人力資源相關網站」。

寫一份吸引人的履歷表

　　求職者與公司的第一個「見面」的方式就是透過履歷表來介紹自己,並令對方相信自己就是他們要找的人。如何在成千上萬封履歷表中,讓對方看到你的履歷表,覺得你應該可以勝任該份工作,除了內容(你的學經歷)要符合對方的條件,你的寫法也代表了你的個性。

　　筆者最不建議使用坊間可買到的履歷表,或完全依照該格式來介紹你自己,因為:

1.沒有專業人士會用手寫正式文件。職場不比在學校,
可以用手寫功課。出了社會,一切講求專業,畢竟人
家可是每個月付薪水來請你做事的呢。

2.看來太過簡陋，且平平無奇，引不起興趣閱讀。

雖然現在電腦的求職網頁上，有許多現成的履歷表格式，只要依序填入自己的資料，或有人力公司，或是職業訓練學校代寫履歷表，但是履歷表最好還是能夠自己親自編寫。一來不會千篇一律，毫無特色、個性可言，因為只有自己才最了解自己；二來在撰寫的過程中，可以對自己的學、經歷，做一番整理與複習，將來面談時才能從容地回答問題。

筆者常有機會受託幫人校對履歷表，先決條件是一定要當事人先自己擬稿，在幫其校對時，雙方一起討論為何此處需要修改，資方可能會針對此提出何種問題，自己對此職業適工性的優勢又如何等等。

有些職業訓練學校替學生寫履歷，不但如倒模般，出於同一格式，當事人根本不熟悉內容也就算了，更離譜的是吹牛過了頭，把當事人捧成飛天遁地、無所不能，面談時當然會出醜啦。就算有幸被僱用，上班後拿不出真才實料，也一定會馬上被解僱，而且傳出去到別家公司也絕對不會錄用的了，各位讀者不可不慎。

在找工作的人當然需要一份出眾的履歷表，面試時也要多帶一份copy好依樣抄寫在求職公司的申請表格上，不但省時省力，而且也不會填錯資料。即使是沒有在找工作的人，也應該在電腦

中打好履歷表存檔，而且隨時更新變動，以備不時之需，目的是
為了在許多需要介紹自己的場合，例如做義工或受邀做表演時，
有一份履歷表可以讓人一目瞭然，加深別人的印象，也省去自己
許多唇舌。

企業歡迎白紙般的新鮮人

社會新鮮人或是不完全符合求職條件者，不要先自我設限的
認定自己很難找得到理想的工作。只要你有自信可以勝任該份工
作，透過外在的言行舉止予人信賴感，加上書寫習慣乾淨整潔，
那就表示你是個有條有理的人。

事實上企業雖然對新鮮人有所疑慮，但也普遍認可社會新鮮
人的可塑性及高創造力；而且經驗技巧不足可以訓練，但卻很難
改變一個人的個性與態度。例如美國微軟公司，他們寧可找一些
未受過訓練但非常聰明的年輕人，也不找那些身經百戰的人。
在招聘的過程中，除了測驗求職者的專業技能，還更注意觀察他
們處理複雜問題的能力。負責面試的主管們根據個人專長、績
效、顧客反饋（customer feedback）、團體合作、長遠目標、及
對產品和技術的熱愛程度等六大項對求職者提出發問；沒有標準
答案，主要的目的是測試求職者的智力和應變能力。

很多企業很喜歡像一張白紙般的新鮮人，因為他們可以好好地來塑造這些人。儘管明知新人欠缺經驗，他們要的就是一個全新的、沒有社會歷鍊，但態度積極進取的人，經由訓練來達到適合他們公司制度文化要求的一員。如果這個人已經定型，要改那個「型」就很累了。因此很多企業願意投入龐大的經費訓練新鮮人，他們可以塑造「自己的人」、有「自己的style」；這並不是說要把每個人都變得一模一樣，而是要讓新鮮人能夠融入公司的文化、價值觀、學習公司的做事方法與理念——這就顯示了社會新鮮人仍有其就業的優勢所在。

所以，學經歷稍差者千萬不要氣餒，一份整潔、文筆流暢且專業的履歷表，絕對可以幫助你扭轉乾坤。而實際一點的做法就是在寄出履歷表之前，先看看你的履歷是否有符合了5C的要求：Clear, Correct, Concise, Considerate, 及Comprehensive.

Clear & Correct精心編寫，清楚整齊

為什麼很多人的履歷表寄出後一點回音都沒有？如果站在「過濾把關者」這個角度來看，就會發現因為要看的履歷表很多，必須於區區數十秒內決定留或丟，所以此時履歷表的內容及其編排呈現的方式就很重要。收件者的目光所及之處，要能夠方便閱讀、輕易掌握到應徵者特長、資格的履歷表，才有爭取面談機會的可能，才正是我們寫履歷表的最終目的。

　　在堆積如山的應徵信件中，先不談內容，以外觀來看整份履歷表的編排是審核的第一關。所以除非資方要求手寫履歷表，否則還是用電腦來打的看起來專業又美觀。說到美觀，履歷表的照片千萬不要拿藝術照來貼，雖然看起來很唯美，但是不夠專業。另外字寫歪了，立可白修改過的痕跡，字裡行間的配置——空白處過多或太擠，文字語法不通順……都是會給人印象不佳甚至立刻被淘汰的。

　　字裡行間空白處的配置，就像畫畫一樣，過與不及都不美觀。空白處過多顯得空蕩，沒有深度。段落配置的緊密些，又令人覺得有壓迫感，不想再看下去。一般來說，完全斷句之後，例如句號、問號、與驚嘆號等，中文打字最好空一位(1space bar)；英文打字則是空二位（2space bars）。未完全斷句之後，例如逗號、分號、與頓號等，中文打字不用空位；英文打字則是空一位。大標題段落最好以二至三行來間隔，甚至以此來分頁。內文段落之間要間隔一行才好看。

英語標點的用法

　　除了基本常用的逗號（,）和句號（.）之外，很多人並不太了解其他英語標點的用法，筆者在此跟讀者稍作解釋：

✔ 冒號：（colon:）：
　　冒號有以下用法：

A.爲了引導出許多項目，冒號是用在獨立句子後面。

My job duties were as follows: filing, reception, replying customers' inquiries, preparing documents, etc.

（本人前任職務內容如下：文件建檔、接待客戶、提供客戶諮詢服務、準備公文等等。）

B.商業信件或公文，緊接在稱謂後、注意或警告事項、以及表示時間，都可用冒號。

Dear Mr. Smith:

Ladies and Gentlemen:

Note: I voluntarily attended the above job to broaden my practical experiences.

（備註：上述工作乃屬義工性質，藉此機會接觸與加強新的工作技巧。）

I can be reached anytime from 8:30a.m. to 10:00p.m. at 0911-111-111.

（請於上午八時半至晚上十時，致電0911-111-111，本人將隨時恭候您的指教。）

然而，冒號不可直接用在動詞或介係詞後面。

不能說：Some of our products are: ??

也不能說：Some of our products are about: ??

但可以說：Some of our products are the following: ??

（本公司之部分產品如下：??）

☑ 分號；（semicolon;）：

分號的用法有兩種：

A. 連接兩個或以上同義的獨立句子（related independent clauses），而且沒有被連接詞and, or, for, but, nor, so, yet, then所連接。如兩個獨立句子意義不相關，就不要用分號連在一起，還是分開為兩句。

You are a major manufacturer; your products dominate the market in the country.

（貴公司為主要製造商；生產的產品主導本國之市場。）

B. 在兩個獨立子句的複合句裡，當第二句有連接副詞（conjunctive adverb:also,besides,indeed,therefore,thus,otherwise,farther,however,farther,more,moreover,nevertheless,etc.）或轉調表達（transitional expression:in fact,that is,on the other hand,for example,at this time,consequently,as a result,etc.）時，使用分號。

I was impressed with the increased market demand of your products in the past 5 years;indeed,you had, and still have a strong management team as well as the sound operational plans.

（我對過去五年裡，市場對貴 產品的持續增長之需求量留有深刻的印象；這要歸功於貴 公司的精英領導團隊及各部門周詳的作業計劃所致。）

You have injected a huge budget in advertisement last year; as a result, your sales volume has had turned 5 times higher than last year's.

（去年貴 公司斥巨資於廣告預算中；故而使得今年之銷量與去年相較，呈五倍的成長。）

☑ 引用句" ..."（quotation）：
引用句就是把別人說的或寫的，引用出來。在引用符號前通常是用 he said,she replied,he wrote等等，而且可以放在句首，句中間，或句尾。

在寫履歷表及英文的cover letter中應不太有機會用到引用句，但若在其他的文章中，引用別人的句子或說過的話，可以這樣寫：

The Confucius said, "A youth,when at home,should be filial,and,abroad,respectful to his elders. He should be earnest and truthful.He should overflow in love to all,and cultivate the friendship of the good.When he has time and opportunity,after the performance of these things,he should employ them in polite studies." This clearly described how a child was taught in the ancient Chinese society under the thoughts of Confucianism. Unfortunately,we seem to discard the spirit nowadays.

（子曰：「弟子，入則孝，出則弟，謹而信，凡愛眾，而親仁。行有餘力，則以學文。」此句清楚地描述了古時人們是以這樣的儒家思想來教育孩子的，但遺憾的是如今卻少有人奉行了。）

使用引用句符號，要放在句子兩頭的外面。引用句中的第一個字母要大寫，句子結尾要加句點。
但若引用句被逗號分成兩部分，則整個引用句的第二部分的第一個字母要小寫，例如：
"I believe it's time" ,said the boss, "to return to work."

˝Thank you all for your hard work last year,we will have an outing to Hong Kong next month.˝ announced by the boss.

再看我一眼，別急著說再見

另外，許多人經常用了錯別字而不自知。所以，不論你的中文程度有多好，還是請三位（最少一位）朋友看看你的文章是否文筆流暢、有無錯別字和曖昧不明之處、邀請他們提供其自身經驗，以收錦上添花之效。在調查中顯示許多人事經理最討厭錯字別字，一致認為當發現錯別字時，他們就會停止閱讀。所以，認真花點時間去寫，僱主們總認為用了錯別字就代表這人的素質不夠高。

寫完後，記得去「檔案」中的「預覽列印」看看有哪段太長可拆成兩段的，整體段落空白處分配是否一致……等等。總而言之，內容的編排要段落分明，清楚易讀，才能讓人容易掌握重點。

Concise量身訂作履歷，面試機會貴精不貴多

不要長篇大論，用字儘量簡潔而精確。除非是行業內常用的術語，否則絕對不可以使用簡寫或簡稱，才顯得專業。

標準的履歷表長度為一到二張紙，如果再加上一張自傳，就得花費人事經理寶貴的2分鐘（如果他/她肯從頭讀到尾的話）；

事實上,他們通常只用不到30秒,不會有人事經理肯花10分鐘拜讀你的長篇大作的。

如果你有很長的工作經歷,三張紙都寫不下,試著寫出最近5到7年的經歷或組織出一張最有說服力的簡歷,刪除那些無用的東西。

因為人事經理的時間寶貴,最好的辦法就是用關鍵字(key words)來過濾審核。許多公司就是用電腦鍵入關鍵字,來過濾數量龐大的履歷表。所謂關鍵字是指求才廣告的條件中所使用的文字。所以,每份投遞的履歷表都必須適當地強調、或引用該廣告中所使用的字眼,但切勿誇大不實,以免日後自招羞辱,造成對個人誠信度的傷害。

> 例如:
>
> 金滿財務顧問公司(虛構)徵全職辦公室助理一位
>
> 職務需求: 行政或總務主管,秘書,經營管理主管
>
> 語文條件: 英文:聽/略懂 說/略懂 讀/略懂 寫/略懂
>
> 其他要求: 1.大學商科或會計系畢
>
> 2.具有主動並認真學習的態度
>
> 3.有獨立運作之工作能力
>
> 4.有會計事務所經驗者尤佳
>
> 公司行業: 企管及其他工商顧問
>
> 公司產品: 策略性財務顧問、新創事業投資、創投基金管理業務
>
> 工作說明: 辦公行政事務、秘書、記帳及會計事務

像這類的徵人廣告中可能的關鍵字包括了：助理、秘書、行政、會計、英文、獨立、主動、財務顧問、基金管理、財務報表、簡報……等。

如果廣告是以英文刊登的話，關鍵字就可能涵蓋了：assistant,secretary,administration,accounting,finance,English,individual,initiative,aggressive,financial consultation,funds management,financial statement,results analysis,strategic planning,financial modeling,personal computer,presentation skills,Excel,MS Word,PowerPoint...,etc.（請參照附錄二：各行各業的英文關鍵字與職務簡述）

為你的履歷定位且量身訂作每一份履歷表，會集中你求職的工作性質與條件。僱主們都想知道你可以為他們做什麼。含糊的、籠統的、並毫無針對性的履歷會使你失去很多機會。**More resumes mean more chances.**寫的越好，你得到同級工作的面試機會就越多；參加同級工作的面試機會越多，你就越有可能在薪資談判中佔到優勢，爭取高薪。

如果你認為逐個兒修改履歷太費工，而且你也有多項專長或多個目標，你可以準備幾份不同的履歷，在每一份上突出重點；這將使你的履歷更有機會脫穎而出。

　　亂槍打鳥、一樣履歷投百樣工的投遞方式，或許能有多一點的面試機會，但這些沒有篩選過，甚至不適合你的工作，到頭來很可能會白白地浪費你的時間與車資而已，要知道只有平庸的人才會頻頻地到處面試。

Considerate以第三人稱描寫自己

　　文章中不要有「我」和「我的」這些屬於第一人稱的字眼，盡量以第三人稱（例如本人）來代替；如無法避免，至少不要用在文章的開頭。

　　不以自己主觀的立場撰寫的原因，是為了要強調設身處地，使對方閱讀時能順暢些，同時也不至於顯得自己過於自我本位。

Comprehensive應有盡有

　　內容文字要具體易領會，不可流於抽象（請參考本章下一節之「工作經驗」），附件資料例如畢業文憑、推薦函、各式證照等，雖不必隨同履歷附上但須事先準備好，面試時視資方需要而可立刻提出。

欲速則不達，寫得快不代表寫得好

很多應徵者在被問到「你用了多少時間寫履歷和自傳？」時，為了顯示自己有效率且才智過人，回答「大概一個鐘頭」、甚至「半個鐘頭」。這些都是標準「絕對錯誤，當場再見」型的答案。

如果真的只需要這麼短的時間，就能完成一份可能會影響你一生的文件，你簡直可以媲美千古大才子曹植，可以七步成詩，流芳百世。

其實這個問題背後的真正含意在於主試者想知道你做事是否謹慎小心，還是專做表面功夫、行事敷衍。一份正式、專業又能搏人好感的文件，絕對不能寫完就算，一定得反覆斟酌用字。在同一段或是前後兩句中，最好不要重複使用相同的字眼。

專業是需要腦力激盪並反覆練習。寫完後，放在一邊，等幾個鐘頭甚至一兩天再拿出來「唸」幾遍。如果句子唸得不順或必須換氣，代表這句需要重寫或拆開成兩句。如此來回數次，你會發現每一次回頭再唸過時，你都可能創造出比原先更精采的句子。

千萬不要小看這個動作，這不是在浪費你的時間，而是在幫助你創造更好的明天。既然是要在紙上見真章，才能得到一個面試機會，不論你是否擁有驕人的學經歷，起碼交卷前的功課，是你自己可以掌握的。

常見的履歷表格式

電腦內建履歷樣式

以電腦MS Word來製作履歷表的話，在「檔案」，「開新檔案」中，內建了數種專業的履歷樣式可供參考選擇，但你不一定要照著該份格式來填寫內容。它的標題順序是可以變動的，請根據個人情況做調整。例如學歷與工作經驗的順序是因人而異的，應該把最佔優勢的項目放在前面。剛畢業或剛職訓結業者，應以學歷為先；若對與應徵的工作有相關經驗者，則是以經歷為優先。

頁首

履歷表上不要打出「履歷表」（Resume）、「姓名」（Name）、「地址」（Address）等字樣，只需直接在紙張的正中上方位置，用加大或加粗字體（電腦字體Font 14號，或按Bold）寫出姓名、地址、和聯絡方式即可。這樣人家通知你面試時，可以在同一處看到你的電話，馬上通知你，而不須再花5秒鐘翻前翻後地找你的連絡方式。這小小5秒鐘的體貼，就可能使你成為排名第一的面試者了。

很多人也會把日期也放在頁首，其實因為你的簡歷需要經常更新，把日期放在求職信封面（Cover Letter）裏會更恰當些。

JOB-SEEKING

目標（Objective）

「目標」（Objective）或稱「應徵項目」（Applying For）是告訴資方你應徵的職位，千萬別寫「學以致用」、「增廣見聞」等不著邊際的話，要知道是你在採取主動申請某個職位，而不是被動的要資方幫你想你該做什麼。

如果有意申請多項職位，那麼應該分別寫不同的履歷表，不可將所有的職位全列於同一張履歷表，因為收件者可能要把申請不同職位的履歷分送到不同的部門去，你全寫在同一張，可別妄想人家會為你一一複印，他只會直接往垃圾桶裡丟。所以一定要先確定自己要應徵的工作名稱，如果不知道或不確定，寧可略過這個項目。

個人簡介

加入一項「個人簡介」（Profile或稱 Summary），可使資方在五到十秒內掌握到你的特質。因為這不是必要的項目，所以很多求職者都會省略；但這其實是最重要的部分，在這裡寫上你的幾個優點，增加自己的初審入選率。很少求職者會想要到寫這幾句話，但這卻是引起僱主注意的好辦法哦。

　　此項目尤其適合從事同一類型工作多年的專業人士、有數種同一領域的工作經驗，但每個任期都不長久的人、或是重返久違的就業市場者，避免在以年列出的「工作經驗」項目中暴露出一大段不知名的空白。

　　從事同一行業多年的專業人士，像電腦專家、高科技、或研究人士，可以在此項目中將自己的綜合經驗，例如硬體、軟件、網路、研究領域等項列出名單，如此就不必再於「工作經驗」項目中一一重複列出細節了。

　　個人簡介跟自傳是不一樣的。此欄是要你用最短的文字，來形容你的專長、能操幾種外語、個人特質、或自我期許等；長度則中文履歷以200字，英文以3至4行為限。以中文履歷來說，你可以在這裡告知對方你的婚姻狀態及年齡；英文履歷則可省略。

　　個人簡介不用像寫自傳般，再介紹一次自己，內容以誠實為主，字眼最好依照徵才廣告裏的條件來描述（請參閱本章的「Concise量身訂作履歷，面試機會貴精不貴多」之「關鍵字」）。

　　新鮮人因為沒有工作經驗可讓人參考你的能力標準，你可以在此多寫一點，但不要超過半張，好好地發揮，且試著說服主試者為何你能勝任這份工作。略去說明你的種族、宗教等非常私人的資料，除非你的目的是尋求這方面的職業。

儘管法律禁止因上述原因而歧視職員，你也用不著提供這些資料；因為只要你寫了，它們就一定會被用來作為選擇的依據。你若確知用人單位對某種人有所偏愛，你當然也可投其所好。例如：佛學院在招聘工作人員時，恐怕佛教徒更容易入選。

獨門秘技之如何提高履歷表的被閱讀率

筆者有一招獨門秘訣是與通知面試有關的。如果你要以郵寄方式投遞履歷的話，除了<u>以釘書機釘牢自傳履歷外，再多加一個色彩鮮豔的迴紋針別上。</u>

這個原因在於資方收到了堆積如山的履歷表後，人事主管勢必先得分門別類一番。那麼在分類的過程中，為了避免撕毀之前或下一份的履歷表的前後頁，他們一定是從左上角的釘處開始下手抽出分類。一個色彩鮮豔的迴紋針，就可以輕鬆地突出你的履歷表，並且也能讓人事主管優先抽出，如此就能提高你的履歷表的被閱讀率，也連帶地增加了你的被錄取機會哦！

如果你是以電郵或傳真的方式投遞履歷的話，你就只能利用加大或加粗的關鍵字來凸顯自己了。另外要注意電郵履歷表時，文件檔案不能太大，尤其是有附加照片的郵件，不然萬一對方信箱容不下你的超大郵件的話，還不是會被退回來，有傳等於沒傳；也不要分開自傳、履歷表、及照片等三個檔案，盡量都放在同一個文件檔案中，這樣才能節省資方的時間，也不會亂掉。

教育程度

再來就是介紹最重要的學經歷了。一般都是以倒敘法來寫，就是先寫最近發生的事，再逐一往前倒回去。

把握一個大原則，先寫個人最佔優勢的背景經歷。假如你只有一兩份不怎麼樣的工作經驗，就先列出你的教育程度。因為既然工作經驗不豐富，你當然要先告訴人家你：

1.出身於資方要求的相關科系。

2.專精於哪些課題，並曾撰寫過其研究報告(business plans,reports,projects,proposals,etc.)。

這些研究報告可以是個人或是小組共同完成的，並且若資方要求，可提供影本的（Copy available upon request）。除非你只有小學畢業的程度，否則應該都曾寫過幾份像樣的報告。

值得注意的是，這份報告必須與該項職位，或該公司有相關性質的。你總不能申請行銷工作，而提供資方你當年的物理、化學的研究報告吧？

3.曾贏取過哪些獎項或獎學金，例如全勤獎（full attendance award，代表你是個負責任、有毅力、可信賴的人）、作文獎（writing award，代表你文書技巧

一級棒）、美勞獎（art ward，代表你富創意、注重細節）、體育獎（physical education award，代表你身強力壯，能吃苦耐勞）、或模範生（honors student，代表你品學兼優，懂得應對進退）。

但是千萬千萬別寫你在唸幼稚園時，曾得過乖寶寶獎，或是在唸小學時，曾得過衛生獎之類的。得乖寶寶獎、衛生獎在小朋友來說是一種成就，但出了社會，別人會認為你是幼稚兼可笑的庸才。

4. 有師長，或具身份地位的親友所寫的推荐信函（請參閱本章的英文推荐函範本），但先不要隨履歷附上，你可以這樣寫：Reference letter from Professor/Dr. XXX is available upon request.

同樣的道理，如果你的成績優異的話，可在教育程度中所寫的的該所學校後，註明你的畢業成績，並可隨時補上影本的。（Report card available upon request.）

一般來說，只需寫明你所受教育程度的最後二至三項即可。例如，20歲以下，高中職畢肄業者就列出高職和國中名稱；大學畢肄業者就列出大學和高中；研究所程度以上者，就各自列出取得博士（Doctoral Degree）/碩士（Master Degree）/學士（Bachelor Degree）學位的大學名稱。

　　如果高中職程度是你的最高學歷的話，<u>成人教育或在職進修</u><u>課程</u>除了會豐富你的履歷之外，也會顯得你是個努力向上、孜孜不卷的人哦。但同樣的你要注意，這些課程也必須和你申請的職位有關聯才行。

　　除了大標題，<u>內文中字體的變化應用</u>（如斜體，大寫，下劃線，首字突出，或首行縮進等等），在撰寫專業履歷表時，是一個區分類別的重要工具，讓看的人很容易從滿紙文字中，了解你想要強調、分類的項目是什麼，從而依照你給的暗示，加強該有的印象。例如以下的字體變化排列：

1996年9月～2000年6月	企業管理學士，主修市場管理 臺灣大學 *臺北市*
Sep 1996～Jun 2000	**Bachelor of Science in Business Administration,** Majored in Marketing Management National Taiwan University (NTU) *Taipei*

在這裡，你要強調的是你擁有的大學文憑和科系別，所以用粗體字來表現；學校名稱可用原本的字體；而學校所在地就要用斜體字。如此一來，這三行的資訊就可以輕鬆地區分開來。

工作經驗

媳婦熬成婆

同樣也是由最近的一個工作倒回去寫。工作時間如果跨年，則可以不必寫月份；如果任職、離職都在同一年，就要寫出月份。

職位名稱要大寫，因為要強調你曾擔任過哪些職位。一定要找出最適合自己工作的職稱，有很多人說自己在公司什麼都要做，這種情況最好是寫與應徵工作相關的職稱。如果在一家公司由較低職位一直升上去，就照年月份分別列出不同的職位及工作內容，這是在履歷表最重要、最需要花時間，也是一般人在履歷寫作中最弱的部分。

接著第二行用粗體字寫公司名字（尤其任職的是知名大企業的話）；緊接在逗號後，可已恢復原本的字體，用簡短的幾個字說明該公司的行業。

第三行則可用斜體字寫出公司或工作的所在地區，千萬別寫詳

細地址。如果是在同一國求職的話，只要列明城市及省份或州名即可；如在他國申請工作，就要寫城市、省份或州名、還有國名了。

再來第四行就要扼要、精確地說明你的職務內容了。要用有力、明確的行動動詞（action verbs），說明自己做過什麼事，讓收件者彷彿看著動畫片中的你做著這些事。以英文來寫的話，要注意時式；如果是目前還在做的工作用現在式動詞，過去的工作則用過去式動詞。

例如：

1998年9月～2002年6月　**銷售專員**

保保食品，冷凍食品製造商

臺北市

◇企劃高利潤產品二項：橙汁及披薩

◇擴張採購的信用額度

◇成功擴展200個經銷網

Sep 1998～Jun 2002　**SALES REPRESENTATIVE**

Bau Bau Foods,a frozen foods manufacturer.

Taipei

JOB-SEEKING

◇Proposed 2 high profitable

products: orange juice and pizza

◇Increased procurement's credit line

◇Expanded 200 sales points

值得注意的是,為了整體的美觀,你唸過的每一級教育,和曾任的每一項職務所使用的字體都必須一致。你用什麼樣的字體來寫高中教育,就得用什麼樣的字體來寫大學;你用什麼樣的字體來寫你服務過的A公司,就得用一樣的字體來寫再前任的B公司。

在介紹工作經驗時,如果不知道如何恰當的描述你的<u>工作說明(Job Description)</u>的話:

1. 你可以參考其他同類型的徵才廣告。

2. 在職想跳槽的朋友,可向人事部查閱你的工作說明(以前的人事廣告),但你必須有點技巧,以免資方起疑,到時賠了夫人又折兵。

3. 至於英文的工作說明,你可以去圖書館查閱"The Dictionary of Occupational Titles"或上網至 http://stats.bls.gov/oco/oco1002.htm參考 "The Occupational Outlook Handbook" 這類的寶典都是根據字母排列A-Z,提供每個行業中各種稀奇古怪、五花八門的工作說明,有數以千計的職業供人參考。

4.參照附錄二：各行各業的英文關鍵字與職務簡述。

有了工作說明，你還應該把你的**成就數字化**。　人說一張圖畫勝過千言萬語。但當無法用圖畫來表達時，數字是最理想的替代品。尤其在準備正式文件時，數字最能精準地代表你的專業程度。

有哪些成就是值得一提的？以下的這些問題可以幫你找出一個頭緒來：

✓　你每個月的業務有超過公司規定的多少百分比？

✓　你研發出新的程序有為公司省下可觀的經費嗎？

✓　你有為公司的新產品寫過出名的新聞稿嗎？

✓　你如何抓緊預算？

✓　你是否提出過更有效率的工作改革方案？

✓　你如何開發新客源或留住老客戶？

✓　你如何強化公司形象或建立公關的?

✓　你如何改善產品的品質？

✓　你如何解決問題?

✓　你曾做過哪些事來提昇公司的競爭力？

參考過了以上的問題，你可以這樣描述你以往的職務內容：

安排採購補給二十艘大型散裝貨運船及處理相關文件
(Managed supplies to 20 bulk vessels worldwide and handled their documents)

開發及聯絡全球逾百供應商
(Developed and contacted hundreds of global vendors ensuring cost-effectiveness)

負責於二個月內完成新辦公室之規劃整合及採購
(Responsible for new office moving, planning and supplies in 2 months)

負責行銷，發展行銷計畫及銷售策略，半年內成為亞洲華人市場中之知名股市資訊網路公司

(Responsible for marketing:developed marketing plan and sales strategy to make the company a well-known financial data provider among the Asian Chinese market within 6 months)

專責電腦系統設計，於三個月內建立電腦化會計系統，二個月內建立電腦化人事系統

(Specializing in computer management: computerized accounting system from scratch in 3 months; and established Human Resources Information System (HRIS) in 2 months)

在這裡你要注意一下排列順序。如果申請的職位與電腦有關，當然先把你任何與電腦有關的成就放在第一行，行政職位就先列出行政方面的成就，以此類推。

訂定薪資的3W

除非資方要求一定要註明，否則不要在履歷上寫透露你的希望待遇。這樣做的理由如下：

✓ 換工作的一個重要原因是想提高收入，但不要被你過去的薪金水準束縛。

✓ 你得到這份工作就會得到這個職位預定的報酬，公司應告訴你他們準備付多少。

✓ 工資可以討論，它的價值是基於職位本身的性質和你預估將做出多大的貢獻而定的。

✓ 在面試之前就確認你的工資要求很不明智，因為你可能低估了自己的潛力。

✓ 如果僱主從履歷中覺得你的薪資要求過高，他可能馬上

把它扔進廢紙簍裡。但如果是面試時再提出同樣金額的薪資，他可能就會覺得可以接受。

如果某招聘廣告要求寫明希望待遇，你可以在列印好的履歷最後用手寫的方式補上。（不過，在一份強有力的履歷裏，即使廣告要求註明希望待遇也可以略去不談。）

新鮮人在未面對面親身了解該份工作前，最好要求的比你調查的範圍再稍低一些，以吸引資方，爭取面試機會。正確的求職觀念是先不要一昧地追求高薪，要考慮的是公司的發展前景及是否擁有建全的管理制度？如果答案是肯定的，那怕將來拿不到高薪？！

如果你是差不多等級的跳槽，你可以寫你目前或上一份工作的薪資，供資方參考；再不然就乾脆寫「面議」。要注意的是，當你面試的公司在詢問你上一份薪資時，最好的策略是誠實以告，因爲當你用欺瞞的手段來騙取高薪資，一旦被發覺將會對你的信譽有不好的影響。

訂定薪資，你應該先要把握好三個W：When、Where和What (=How)；了解此等級職位的一般薪資範圍有多少，再依個人情況作調整，開出合理的薪資範圍，而不是一個整數，給自己預留一點彈性空間。

市場行情的薪資調查，除了可以向學長/姐多加打聽外，也可以利用104人力銀行首頁「薪資測量器」的機制來參考市場行

情。不過，同樣一位求職者，在不同的地區、產業、職務上，都
會有不同的薪資行情。（查詢薪資請參閱本書最後的相關人力資
源網址）

　　如果眞的得到了一個面試機會，請盡量強調你的個性、學
歷、背景、專長、興趣、語言，或電腦能力……等，是多麼地符
合，甚至超出該份工作應具備的。這麼一來，就算你後悔開的條
件太低，或資方以你之前偏低的工資爲基準，你也可以用職務內
容比前任繁重，工作時間加長爲由，試著要求更高的薪資。

　　通常人力主管在招募新進人員的時候，不會主動給予新進人
員較高的薪水、福利，這對他們來說是一種負擔，希望一切按照
公司既有制度。雖然公司主管無法給予你所想要的薪資待遇，但
是你也必須極力爭取，因爲有時你的堅持，公司會讓步。所以當
我們在面試時，不要吝嗇提出你的要求，這樣讓人家瞭解你的想
法，也有了協商的空間。總之要看準時機勇敢的開口，否則永遠
不會是你的。

　　所謂先要看準時機，其實最佳的時機就是表現出你的企圖心
與意願，說服未來的公司，先讓他們喜歡上你，覺得不能不雇用
你時，再提出薪資要求。當未來的頭家已準備好要雇用你時，一
般人常犯的一個重大的錯誤就是太快接受雇主的提議了。當然你
想要表現你的熱忱與決心，卻無須答應的太過匆促，「我可以再
考慮一下嗎？」是最好的回應，適當地含糊其詞是無傷大雅的。

JOB-SEEKING

其他項目

　　這兩個學經歷大項寫完後，還得讓資方知道你還具備哪些才能，像語文能力、電腦技能、其他專業証照、**興趣**、和**推薦函**（請參閱本書中英文推薦函範本）等。

　　興趣是資方會留意的一個項目。擔任義工，參與教會或其他宗教活動，代表你是樂於付出的；而且隸屬於某個團體，也顯示你慣於團隊合作，是個合群的人。還有與其說你喜愛閱讀，聽音樂，看電影，不如寫你欣賞哪位作家、哪種音樂、電影明星、或導演來的好；因為這類軟性話題比較容易在面試時和主試官製造溝通機會。

　　任何來自名人、你的工作領域的權威人士、重要的政界人物等有價值的推薦證明是應該要提供的，但不可隨同履歷附上。因為大多數的僱主在面試之前，只會對你本人感興趣，而不會對推薦人感興趣。你提到的推薦人也可能會因為接到太多的電話而會感到厭煩。在新單位確認有興趣聘用你之前，你不必指望你現在的上司會成為你的推薦人。

履歷範本

　　以下有兩份中英文的履歷範本：一份是完全沒有工作經驗的社會新鮮人，另一份是只有三年初級助理職位的工作經驗。雖然兩人都有大學文憑，但無特殊專長，像這樣的年輕人，在臺灣滿街都是。

　　筆者現在就以實例教你怎麼寫一份吸引人的履歷表，保證脫穎而出，對方會馬上約你面談哦。

社會新鮮人中文履歷範本

王大明Da-Ming Wang（化名）

台北縣x市x路xx巷xx號x樓

聯絡電話／行動電話：**02-2xxx-xxxx / 09xx-xxx-xxx**

電子郵址: **dmwang@yahoo.com**（虛構）

應徵項目

行銷助理

個人簡介

　　單身，**24**歲，役畢，XX大學企業管理學士，主修市場管理，操流利國台英語，領有汽機車牌照。個性沉穩負責、細心、學習力強、體格強健，高中時曾榮獲田徑比賽第三名及辯論比賽第二名。興趣廣泛，喜歡各類體育活動，及鑽研電腦繪圖設計應用程式，曾負責設計大學社團活動的海報，並於課餘時與同好一起兼職設計個人名片、零售店海報繪圖等。

JOB-SEEKING

（筆者註：在一開始，就要馬上告訴資方你的個人基本資料、個性、能力、專長、興趣等。這些條件都符合了，他們才會往下看的。再次提醒讀者，最好在自我簡介中，使用大量與徵才廣告吻合的關鍵字，增加中獎機會。）

本人曾居住於台中市十年，並熟悉該區的各大百貨銷售通路。六年前負笈北上，對台北也有一定程度的了解，尤其是年輕族群的消費習慣、地區都非常的熟悉。大學時，也在教授指導下，完成數份商業研究報告，包括行銷計畫書、企業計畫書、行銷調查、與各項企劃案等。

（筆者註：這一段暗示了資方你是有備而來的，但又沒有完全說明，為何你敢誇口說熟悉北中部的市場活動，所以他們應該會有興趣聽聽你的意見，或看看你的功課報告，那麼你只需在家等電話通知面試吧！還有就算面試時，你的意見或表現不儘理想，主試者也會對你的「積極、勇敢」留下深刻的印象的。加油！）

貴公司在業界向來富有盛名，尤其是貴公司生產的各項手機產品，更是市場的主流，本人也是愛用者之一呢！若有幸進入貴公司服務，本人定當竭儘所能，貢獻一己之棉力；更希望未來各位能不吝賜教，一起開拓更寬廣的市場空間。

（筆者註：最後就要量身訂作地解釋你為何要申請這項
工作，他們又為什麼非見你不可。 所以在這裡，你必
須先做點功課，了解該公司的背景，自己又具備了哪
些條件，適合該項工作或該公司。 雖然大部分的新鮮
人都是從基層做起，但也可以暗示資方，希望未來有
更好的升遷發展機會，以顯示你是個積極進取的人。）

學歷

1996年9月〜2000年6月　　**企業管理學士，主修市場管理**

XX大學

臺北市

◇學業成績：A-

◇完成數份個人與小組之商業研
　究報告，包括行銷計畫書、企
　業計畫書、行銷調查、與各項
　企劃案等，並可應指定，隨附
　影本

◇負責設計大學社團活動的海報

1993年9月～1996年6月　　**XX**中學

　　　　　　　　　　　　臺中市

　　　　　　　　　　　　◇學業成績：B+

　　　　　　　　　　　　◇榮獲田徑比賽第三名及辯論比

　　　　　　　　　　　　　賽第二名

語 文 能 力

流利讀聽寫國、台、英語

電 腦 技 能

電腦系統：　中英文視窗98，ME，2000與XP基本設定至高
　　　　　　階運用純熟，熟悉UNIX及LINUX基本架構，設
　　　　　　定與運用

應用程式：　熟悉微軟OFFICE套件(版本 2000)中高級運
　　　　　　用，包括WORD、EXCEL、POWER POINT、
　　　　　　PROJECT、FRONT PAGE、ACESS

商用軟體：　QUICKEN及微軟 MONEY

網路架設：　1.曾使用視窗2000 SERVER及視窗2000 PRO與
　　　　　　視窗 98建立中小型辦公室網路；2.LINUX 架
　　　　　　構的 FILE及WEB SERVER

熟悉的程式語言： C與C++、JAVA與JAVA SCRIPT、
VISUAL BASIC、SQL、HTML與XML
(基本網頁設計)

興趣

熱愛鑽研電腦程式，因此非常欣賞Ph. D. Kenneth C. Laudon教授的著作；平時的娛樂消遣還包括看動作片，打籃球等。

推荐函

可隨附上XX大學管理學院院長吳威廉博士（化名）所書影本乙份。

希望待遇

依貴公司規章敘薪

社會新鮮人英文履歷範本

Da-Ming Wang（fake name）
X Floor,#X,Alley X,Shintien City,Taipei County
Telephone / Cellular：02-2xxx-xxxx / 09xx-xxx-xxx
Email: dmwang@yahoo.com （fake address）

Objective

To seek a position as a Marketing Assistant

Profile

A single 24 year-old Marketing Management major,who recently graduated from the XX University with a Bachelor Degree in Business Administration.Language spoken fluently in Mandarin, Taiwanese,and English;have both motorcycle and driver's licenses.I am a dependable,organized,fast learning,and detail-oriented individual with great communication skills and excellent physical condition.

Major awards won in senior high school included:Bronze medal in track and filed competition,and Silver in debates.I love sports as well as studying the computerized graphic design works.Because of my talents in graphic designs,I was appointed to prepare the posters for my college student clubs.I also turned it into a part-time business of designing the business cards for individuals and posters for retail stores.

Taichung is my hometown;I have lived there for 10 years so I know the major sales channels in the mid-Taiwan District.Six years ago,I moved to Taipei for better education;and due to my age and environment,I am very familiar with the Northern young generation's purchasing hobbits:why and where they shop.I also finished several major school projects under the instructions of college professors.These projects include:marketing plan, business plan,marketing survey,and proposals.

XXX Co.is prestigious in the industry;especially you are the dominant in the cellular phone market,not to mention I am one of our customers too...I will definitely devote my best if I had the honor to work at XXX Co.With my most sincere,I look forward your contact and a pleasant employment in the near future.

Education

Sep 1996~Jun 2000   **Bachelor of Science in Business Administration**

Majored in Marketing Management;Grade: A-

XX University

Taipei

◇Finished major school projects included:marketing plan, business plan,marketing survey, and proposal.Copies available upon request.

◇Designed the posters for student association by utilizing computerized graphic design software.

Education

Sep 1993～Jun 1996　　　**XX Senior High School**

Taichung

◇Grade:B+
◇Earned 2 major awards:Bronze medal in track and filed competition,and Silver in debate.

Skills & Hobbies

Languages Spoken　　Fluent in Mandarin,Taiwanese, and English.

Computer Skills　　Windows 98,ME,2000,XP,UNIX, and LINUX.

Proficient in MS Words, PowerPoint,Excel,and graphic design software packages like: Photoshop (for photo creation and editing),flash (for animation), Acrobat,Project、Front Page、Access.

Commercial software:Quicken and MS Money.

Network set up used systems include:Win 2000 SERVER,Win 2000 PRO,Win 98;FILE and WEB SERVER in LINUX network.

Familiar with languages:C,C++, JAVA,JAVA SCRIPT,VISUAL BASIC,SQL,HTML,AND XML.

Hobbies   Study MIS books,especially written by Prof.Kenneth C. Laudon;watch action movies and play basketball.

Reference

Available upon request: By Dr. William Wu (fake name), Dean of the College of Management from the XX University (XXU).

Salary Expectation

To be discussed at interview.

職場幼齒族中文履歷範本

王珍妮Jennifer Wang（化名）

地址

聯絡電話／行動電話

電子郵址: jwang@yahoo.com （虛構）

應徵項目

行政秘書

個人簡介

　　單身，26歲，XX大學企業管理系畢，操流利國台語及簡單英日語。個性合群、負責、細心、學習力強、溝通能力佳。 有三年工作經驗，熟悉一般行政作業流程及客戶接待禮儀。能熟練操作 MS Windows中各式基本軟體。 曾協助主管訓練新進同事，建立文件檔案系統，負責基本辦公室採買、議價、與記帳，安排主管

行程，和會議記錄。希望藉由多元化的職場訓練，在未來五年內能有機會更上一層樓。

學歷

1996年9月～2000年6月　　企業管理系畢業

XX大學

臺北市

◇完成數份個人與小組研究報告及論文，包括行銷計畫書、企業計畫書、行銷調查、與各項企劃案等，並可應指定，隨附影本

◇負責領導大學社團的康樂活動

1993年9月～1996年6月　　**XX中學**

臺北市

◇榮獲全校作文比賽第三名

工作經驗

2000年10月～2002年11月**辦公室助理**

ABC Co.（船運服務業）

臺北市

◇協助主管訓練新進同事

◇建立文件檔案系統

◇開發及聯絡辦公室用品供應商

◇負責基本辦公室採買、議價、

　與記帳

◇負責於二個月內完成新辦公室

　之規劃整合及採購

◇安排主管行程，會議記錄

語文能力

操流利國台語及簡單英日語

電腦技能

熟練 MS Windows 中各式基本軟體：MS Words,MS PowerPoint,MS Excel,Outlook

興趣

喜歡聽中英流行音樂；看推理小說，尤其欣賞赤川次郎的著

作；蒐集各種流行資訊等。工餘時，還擔任慈濟義工，迄今四年。

推荐函

可隨附上ABC Co.辦公室經理張保羅先生（化名）所書影本乙份。

希望待遇

依貴公司規章敘薪

職場幼齒族英文履歷範本

Jennifer Wang（fake name）

Address

Telephone / Cellular

E-mail: jwang@yahoo.com （fake address）

<u>Objective</u>

To seek a position as a Secretary

<u>Profile</u>

A single 26 year-old Bachelor Degree holder in Business Administration,who speaks fluent Mandarin,Taiwanese and basic

English and Japanese.I am an out-going,dependable,organized, fast learning,and detail-oriented individual with great communication skills and 3 years of working experience in office administration.Proficient operations in MS Windows.I have assisted my ex-supervisor in various area of:new staff training, filing system,office supplies,negotiation,bookkeeping,executive scheduling,and taking minutes.I expect myself at a higher-level position in the next 5 years through the trainings from work.

Education

Sep 1996~Jun 2000 **Bachelor of Science in Business Administration**

XX University (XXU)

Taipei,Taiwan,R.O.C.

◇Finished major school projects included:marketing plan, business plan,marketing survey, and proposal.Copies available upon request.

◇Directed social activities in the student association.

| Sep 1993~Jun 1996 | XX Senior High School |
| | Taipei,Taiwan,R.O.C. |

◇Received Bronze medal in the
annual school writing contest.

<u>Working Experience</u>

| Oct 2000~Nov 2002 | **OFFICE ASISTANT** |

ABC Co. （bulk vessel shipping
company）
Taipei,Taiwan,R.O.C.

◇Assisted supervisor in new staff
training and re-organizing the
filing system,
◇Handled office supplies,
negotiation,bookkeeping,
executive scheduling, and taking
meeting minutes.
◇Responsible for new office
moving, planning and supplies
in 2 months

Skills & Hobbies

Languages Spoken   Fluent in Mandarin,Taiwanese, and basic English and Japanese.

Computer Skills   Proficient in MS Words,MS PowerPoint,MS Excel,Outlook

Hobbies   Listen to Chinese and English pop music;read infer novels;study trendy info,and participate Tzuchi's charity social works for 4 years already.

Reference

Available upon request: By Mr. Paul Chang (fake name), Office Manager from ABC Co.

Salary Expectation

To be discussed at interview.

專業或重回職場人士之中文履歷範本

姓名

地址

聯絡電話

E-mail

申請職位

XXXXXX

Summary

於＿＿＿＿方面具有＿＿＿＿年之專業經驗；能熟練操作 ＿＿＿＿＿＿＿
＿＿＿＿＿＿；個性積極合群、細心負責任。

專業或重回職場人士之英文履歷範本

Name

Address

Telephone / Cellular

E-mail

Objective

To seek a position as a ＿＿＿＿＿＿

JOB-SEEKING

<u>Summary</u>

_____ years of experience in _____.Proficient in:
_____.Self motivated, team player, detailed and
responsible.

線上履歷

花了那麼多心血完成的履歷表，上網應徵時，只要輕輕鬆鬆
地轉貼上去就可以了（posting on-line resume）。 但在之前，你
要先做以下的動作：

1. 注意格式。文件內容不可置中對齊，一定要靠左對
   齊。

2. 由MS Word轉貼上網時，要先另外將文件存檔成純文字
   （text only），或複製到Notepad再轉貼。 通常MS
   Windows都已含有Notepad了；但如果你沒有或電腦中
   找不到的話，可以去此網站免費下載NoteTab Light：
   http://download.com.com/3000-2352-8235248.html?tag=lst-0-4

3. 凡是以point form寫成的段落，其項目符號要全換成
   （*)代替；以space bar來代替tab。

4. 純文字檔的內容要再看過一遍，以防有奇怪的文字符

號跑出來。最好的方法就是先寄一封給自己看過再正
式投遞出去。

一般的e-mail網站也有轉純文字的功能,例如:

✓ **Yahoo! Mail:**當要準備一封e-mail時,螢幕下方有一個
「純文字」〝plain text〞的功能鍵,你可以輕鬆地複製
再轉貼(copy and paste)上e-mail即可。

✓ **Hotmail:** 在有標示下拉點選(the pull-down field)的
「工具」鍵中,確定其中〝Rich Text Editor〞是關閉
的(若螢幕沒有顯示任何的格式選項就代表它是關閉
的),再重複以上動作即可;你可能仍需作少許格式的
更改。

Microsoft Outlook:按「格式」選擇「純文字」選項,
即可複製轉貼。

影音履歷

文字,不再是履歷表的唯一表現方式;求職
者可製作個人網站,展示自己的工作成果範例。

此外，1111人力銀行於2002年11月推出的影音履歷服務[3]，提供每位求職者20MB的空間，只要使用家用攝影機或是只要新台幣1000元的Webcam，就可以為自己打造影音履歷，清清楚楚地推薦自己。

1111人力銀行的宣傳稿中還提到，「影音履歷在傳播界已行之有年，如應徵廣播、電視工作，業者常會要求提供影像或聲音作品，或是來段自我介紹，但這往往造成求職者的困擾；以往，為了製作這樣的影音履歷，常要花費數千元找小型傳播公司幫忙錄製帶子，再拷貝多份，寄往各個應徵的工作，製作費再加上郵寄，也是一筆不小的支出。」

最新推出的影音履歷就能解決這個困擾，文中說明「使用者只要準備一架網路攝影機(Webcam)或是家用攝影機，再依照指示點選網站上的影音履歷，將自我介紹上傳到主機，就能完成精彩的影音履歷。根據1111人力銀行的統計，目前在20萬求職者中，就有1萬人的履歷是投往傳播界(包含新聞、廣告等)，如果再加上模特兒之類的演藝界，大約有3萬人。」

「當然，這個新服務並不是單為傳播界求職者推出，各行各業也都適用，它可協助業者對求職者有更清楚的認識。據了解，影音履歷目前還不收費，未來將視使用情況，再決定如何收取費用。」

[3]備註：影音履歷資料來源自1111人力銀行www.1111.com.tw

自傳/封面Cover Letter

自傳

其實自傳說穿了,就是揚長避短地,將一個人的生平,以文章的形式呈現出來。所以一篇文筆順暢,段落清晰的自傳,對求職絕對有加分的效果。

話雖如此,倒也不是要你長篇大論,越是精簡的文章,越能顯示作者駕馭文字的功力。一篇自傳的長度約為八百到最多一千五百字,通常以不超過一千字為佳。但新鮮人並無工作經驗,以不超過一頁**A4**紙為原則;如果你認為手寫自傳可以傳達誠意,恐怕就錯了,資訊時代如果不用電腦製作履歷,企業將會認為你缺乏電腦技能而不敢僱用。

不少求職者第一次寫起自傳來,左思右想就是不知怎麼下筆。其實你只要抓住內容的重點在於應徵該職務的動機,加上本身的性向、興趣、專長和學經歷就行了,畢竟你的人格、專長是和企業直接相關的。

接著就是針對應徵職務的特性來調整自傳內容。例如應徵行政工作可以強調自己的穩定性,業務工作則可以強調自己的積極、企圖心。你要先瞭解應徵企業的特性與背景資料,並提出自己的性格、技能有哪些可以符合公司需求的說明;結尾處還可以寫出自己的生涯或職涯規劃,讓公司認為你是個目標明確的人。

JOB-SEEKING

要知道，明確地強調出自己的求職目標與極佳配合度，就可以減少企業方面的疑慮，增加被錄取的可能性。

以段落順序來說，就是：「個人」成長背景（不建議也介紹其他家庭成員），**求職動機，求學及實務經驗**（要逐一介紹每一任內的成就），自我分析，未來期許等幾個項目。

為什麼不建議也介紹家庭背景呢？在臺灣，一般人寫自傳不都是起始於介紹家庭狀況的嗎？像排行第幾、年齡、身高、體重、星座、血型、家人的豐功偉業與其服務單位，一股腦兒的全報寫上去。其實不需如此，記住介紹你的個人重要於介紹你的家庭；資方只對你有興趣，因為他們看的是你的自傳履歷，人家才沒有興趣知道你的父母、哥哥、姐姐的事。礙於有限的篇幅，這些不是很重要的家庭細節等到面試時，主試官問了你再說明即可。

除非你的家族背景和該應徵公司或項目有相關性，例如你家是經營餐飲服務業（其實可能只是一檔小吃攤），而你是應徵連鎖餐廳的門市服務或內部員工。你就可以因此說明你對餐飲服務業非常熟悉，了解客人們需要什麼樣的服務，經營者的優勢與困難在哪裡等等。（當然你真的得要了解這些才行，牛不能吹的太大。）

記住你的個人才是重點；不管你的身世背景如何，公司可以透過你而得益。所以寫自傳或封面內容的訣竅只有一個：只有你最適合這份工作，對方非與你聯絡不可。怎麼做呢？ 首先你得以「那又怎麼樣」（**So, what?**）的心態來寫。

每當你寫完一句或一個段落，以第三者的角度想想看這樣寫，和這份工作有何關聯？為什麼要寫這一句？資方會認為如何？是否多餘？以這樣的心態，再三確定後，才能完成你的自傳封面。

以下是筆者看過的幾個真實的cover letter：

案例一：本人對 貴公司程式設計師的職務有興趣（SO, WHAT?）。隨信附上個人履歷，希望能有機會為 貴公司效力（SO, WHAT?）。

I am interested in your opening Computer Programmer position.(SO, WHAT?) My resume is attached for your reference and I look forward to work with you soon.(SO, WHAT?)

修改後：（1）無工作經驗者：憑著本人多年來對設計電腦程式的熱愛與一些小小的成就：（請自我舉例之，學校功課比賽，或直接列出拿手的軟體名稱，都可拿來舉例。）相信可以為XX公司設計或改善各種應用於人

事、銷售、會計、Intranet等程式。

My enthusiasm in studying the computer programming and some achievements throughout the years:（samples or software names）;I am energized by the opportunity to achieve significant tasks for your firm.Here is what I can provide to XX Co.:

（2）有工作經驗者：從事程式設計師的五年來，本人設計的電腦程式曾為公司節省作業流程、資源、和人事成本負擔達60%，利潤則提高了210%。

With five years of programming experience,I have helped my ex-employer reduced 60%of the production costs in workflow,materials,and human resources;which resulted in 210% of revenue growth.

案例二：本人曾於某公司擔任某職為長達8年（SO, WHAT?），想繼續在這方面發展（SO, WHAT?）。

I have worked at XXX as a XX Manager. (SO, WHAT?) I am willing to take up any XX post. (SO, WHAT?)

修改後：本人曾在這個領域服務超過8年，非常了解此行業的生態環境與作業系統，希望在這方面繼續貢獻所長。
The past eight years of working as a XXX has educated me

to become a professional in the field. I am very familiar with the industry as well as its related work systems.My expertise will definitely be an added value to your organization.

以上修改後的例句，都清楚地暗示了資方，你會有什麼樣的貢獻，而且對公司又會帶來什麼樣的好處。所以建議把這些句子放在頁首，不要放在中間段落。

有鑒於人事經理的時間寶貴，應徵文件不可太長。前文中有提到理想的長度為三頁，包括一張自傳。但是因為目前臺灣的就業市場競爭激烈，很多職缺都要求應徵者的英文水準能有一定的程度；所以，你應該以資方背景／工作性質來決定用中文，或英文，或二者兼備去應徵。

如果該公司是外商，或者該項工作需要使用大量的英文，準備一份英文封面加中英文履歷表各一份就很理想了。雖然如此一來，你的應徵文件就會長達五、六頁之多，但這麼做可以顯示你的英文程度不錯，資方不但不會介意，反而還會對你印象深刻呢。

JOB-SEEKING

中文自傳/封面範本

日期

敬啟者:

本人於今年以優異的成績畢業於XX大學資訊系。憑著多年來對設計電腦程式的熱愛與一些小小的成就:(請自我舉例之,學校功課比賽,或直接列出拿手的軟體名稱,都可拿來舉例。);相信可以擔任 貴公司之程式設計師一職,為 貴公司設計或改善各種應用於人事、銷售、會計、Intranet等程式,並節省成本,提高公司利潤。

唸大學時,曾依教授指示為貿易雜誌出版社設計一個自動宣傳系統。我負責所有的產品設計,包括使用者介面。此外,亦開發操作員指引草稿。

若有幸成為 貴公司的程式設計師,我將會把焦點放在 您的系統發展的品質和操作簡便上。而且,本人個性合群,隨和但有原則,一向都能與其他人合作愉快,並幸獲指導教授XXX博士親筆推薦信一封,如有需要可隨後附上。

隨此自傳,附上我的履歷供 您做為參考,若有任何地方需要我做進一步說明的地 方,煩請不吝賜電至手機 09xx-xxx-xxx,謝謝。

誠摯地,

應徵者名字

英文自傳/封面範本

Date

Dear Sir/Madam,

My enthusiasm in studying the computer programming and some achievements throughout the years: (samples or software names); I am energized by the opportunity to achieve significant tasks for your firm in various departments. By designing a sound program system, I can help XX Co. to reduce the production costs in workflow, materials, and human resources, which will result a growth in revenue.

My last school project at XX University was to design an Automatic Promotional System for a trading publisher (assigned by professor). I was responsible for the whole product design, including the user interface and the user's guide as well.

It will be an honor to me if I was one of the programmers at XX Co. I will emphasize on the quality of system development and make it user-friendly. I am a great team player, easy-going and responsible; which have always helped me to create a pleasant working environment with my partners. You can find more details about me in the attached resume and a reference letter from my professor is also available upon request.

If you have any questions about my qualification, I can be reached at 09xx-xxx-xxx.

Yours truly,

Applicant Name

中文推荐函範本

師長的介紹信

日期

敬啓者:

很榮幸有機會爲 貴公司推薦本校第X屆畢業生王大明同學,他曾修習本人任教之市場行銷管理學的課程。

在學期間,王同學充分展現出他認眞的學習態度,上課前都有準備,思路清晰,勇於發問;小組討論研習時,也本著誠懇熱心的態度,贏得好人緣,同時因爲他懂得分配資源並整合團隊的力量,使得他的本科畢業成績高達A-。

本人深信以王同學的資質,與其做事負責、盡心盡力的待人處世方式,必能成爲 貴公司的得力員工;爰此,特予推薦。 如有任何疑問,歡迎致電(02) xxxx-xxxx,或來函至 wwu@yahoo.com (虛構)詢問。

推薦者: XX大學管理學院院長吳威廉博士

前任主管的推薦信

日期

敬啓者：

茲證明王珍妮小姐在西元2000年10月至2002年11月期間，任職於ABC公司擔任辦公室助理一職。

在王小姐的就職期間，本人是她的直屬上司。王小姐的工作範圍涵蓋了總機接待、出納、秘書服務、及辦公室用品的採購等。此外，王小姐還主動地不吝傳授同事們她出色的電腦文書應用技巧，包括：Windows 2000, Norton Utilities, Microsoft Office 2000, Internet, Explorer等軟體。

本人深信以王小姐做事用心負責又專業的工作態度，不論身處何種職位都一定能成功。本公司期望未來與她還能有合作的機會，僅此推薦。

推薦者： ABC公司辦公室經理張保羅 敬上

英文推荐函範本

師長的介紹信

Dr. William Wu（fake name）

Dean of the College of Management

XX University (XXU)

Address

Date

To Whom It May Concern:

This letter is to recommend,and introduce Mr.Da-Ming Wang（fake name） to your organization.Mr. Wang was a student in my Marketing Management class at XX University,located in Taipei city,Taiwan,R.O.C. during the spring 2002 semester.

In observing Mr.Wang's work on several team projects,it was clear that he is the consummate team player.Indeed,Mr. Wang's overall performance in my class qualified him for a final grade of "A-".In addition,Mr. Wang's attention to detail,and total customer focus are outstanding qualities that should serve your organization well;I have no problems with recommending him for a position in your organization.

　　If you desire further information,I can be contacted at (02) xxxx-xxxx,or <u>wwu@yahoo.com</u> （fake）.

Sincerely,

Dr. William Wu

Dean of the College of Management

前任主管的推薦信

Paul Chang（fake name）

Office Manager

ABC Co.

Address

Date

To Whom It May Concern:

This is to certify that Ms. Jennifer Wang（fake name）has been in ABC Co. employment from October 2000 until November 2002 in a clerical, purchasing, and secretarial capacity. During her employment she reported directly to me.

Jennifer was involved in the front desk support and general clerical work. She is very punctual and reliable. In addition, she utilized various software packages on the PC such as Windows 2000, Norton Utilities, Microsoft Office 2000, Internet, Explorer and provided software training to other ABC Co. employees. Jennifer is conscientious, hardworking and cooperative and a very organized professional and will be an asset wherever she works.

I wish Jennifer all the luck in her future and her achievements in whatever career she chooses to pursue. We look forward to utilizing her services in the future.

Regards,

Paul Chang

Office Manager

JOB-SEEKING

電話面談應對技巧

徵才廠商一但看中了你的履歷表，當然就會馬上與你聯絡了。用電話通知是最方便有效的工具。在約你來面試之前，資方可以先透過電話，聽你的聲音、音調、語氣態度、稱呼、用字等來初步判斷你的個性；我們稱之為Phone Screen。

如果你讓對方感到不舒服，甚至覺得你無禮，那麼不論你的履歷表寫的有多棒，你也別妄想得到一個面試的機會了。所以學習電話面談技巧比面試還重要。

舉例來說，筆者曾聽過一位求職者，以大聲不耐煩的語氣接起電話說「喂」，且在整段與資方談話的過程中，他的語調都沒改變；更誇張的是，在資方表明身分後，告知這通電話的目的是想與其約時間面談時，他還不斷以高分貝的音調回應資方「嗯，怎樣？」，而不以「是的，您好……，您請說……，好的……，謝謝！」等禮貌的態度回答。可想而知，他的下場當然是列入永不錄用的黑名單啦。

這位仁兄當時可能忙於手邊的事情，以致無暇回應其它的事。要知道所有受過訓練的的人事專員甚至主管會問的第一句話一定是：「你現在方便說話嗎？」，目的就是想要即時做成一個

完整的Phone Screen。所以在回答之前，先確定你是否身處一個嘈雜的環境、手持收訊不良的手機、有第三者在身旁？，若你是其中的任何一項我都不建議你說：「是的，我現在方便說話」。做Phone Screen最重要的就是你的聲音及談吐，扯著嗓子講電話會讓對方誤會你沒禮貌；避著第三者的耳朵講電話也會顯得你吞吞吐吐、語焉不詳。

接聽電話前清一下喉嚨，很快地發幾個聲音或說幾句話，聽聽看自己的聲音狀態是否順耳。平時也要練習電話禮儀，甚至用錄音機錄下，反覆檢討自己的聲音聽起來是否專業、有精神，回答應對是否禮貌周到。這些技巧包括：

1. 永遠稱呼對方為「您」，而不是「你」；詢問公司名稱要說「貴 公司的大名是？」，或「貴 寶號是？」。

2. 經常性的回應對方的談話。 當對方在介紹自己時，要經常回應對方「是」，「對」，以表示你有在聽。

3. 注意音調、語氣不可以給人敷衍、不專心的感覺。也不可以拉長尾音，一來會讓人覺得你沒有精神；二來感覺很做作、太嗲，女生尤其要注意這點。

4. 於結束時，除了感謝對方的來電之外，最好也能適當地問候一下致電者。

例如，假設對方在晚上8、9點或假日加班時，打電話給你，你可以簡單地問候對方：「謝謝您這麼晚還打電話通知我，辛苦了！ 我們下星期三早上10點見。」如此可令對方感受到你的禮貌與體貼，也可以順便再次確認面試時間。

我們現在來練習一下：

應徵者：　喂？（聲音清亮，感覺有精神）

資　方：　請問汪心如在嗎？

應徵者：　我就是。請問是哪位？

資　方：　我是ABC公司的Kerry。

應徵者：　噢，您好。（聲音要更清亮愉悅）

資　方：　我們收到您寄來的履歷表了，有幾個問題想請教。

應徵者：　不敢當，請說。

資　方：　首先請問您目前有在上班嗎？

應徵者：　沒有在上班，因為目前還沒有作任何的決定。請問貴公司的職缺還有效嗎？

（筆者註：這樣的回答，低調地暗示了資方，你對於求職是是有選擇性的想挑選一份好的工作，而且直接跳過這個尷尬的問題，採取主動，單刀直入的切入電話面試的重點。）

資　　方：　　還有效，因此我們看了您的履歷表，覺得您可能會適合這個職位。可以請您先簡單地介紹自己嗎？

應徵者：　　謝謝。（接著你可以用自然的音調，口語化地說出你練習已久的自傳封面內容大概。請參考本書的下一章：面試開始--準備一分鐘的中英文自我介紹稿）

　　再下來的談話內容，請參考本書的姊妹作：《面試**Easy Job**！》之「面試問答範例」。你也可以在陳述完自我介紹之後，主動地詢問資方關於公司和工作方面的細節，例如以下的對話：

應徵者：　　可以請問這份工作的主要工作內容嗎？（你也可以詢問其他像公司主要營業項目，營業額有多少，經營了有多少年，主要的來往對象等等。）或是您方便告訴我貴　公司的網址，我可以自己上網查看？

資　　方：　　這份工作的主要工作項目包括……。我們

的網址是www.XXX.com.tw。那麼我就約您下星期三早上10點鐘面談。我們的地址是......。如果有問題，您可以打我的專線電話......。

應徵者： 謝謝您的通知。不好意思，這麼晚還打電話通知我，辛苦了！我們下星期三早上10點見。

資　方： 不客氣。再見。

應徵者： 謝謝，再見。

（筆者註：你一定要確定對方掛了電話之後，才能跟著掛電話。 要不然的話，這是很沒有禮貌的。）

　　要知道一旦送出你的履歷表後，你的手機就必須是一直開著的；資方沒有耐性重複打相同且無人接聽的電話。除非是不方便接電話，或身體狀況不好，你可以轉接至語音信箱請對方留言。再來，要隨時隨地準備筆跟紙在身邊，這樣徵才廠商來電時，才能馬上記下重要的事項。

　　如果遇到突發狀況，例如在洗手間接到電話，可禮貌地解釋目前無法接聽，也無法記下他的號碼；你可以請對方用e-mail寫下他的聯絡方式與面談時間，你稍後會立刻與他聯絡。

三 你在考慮跳槽或轉型嗎？

「胸懷大志」很正常，但不是所有的人都能實現夢想，如果做不到就必須及時調整。如果你在考慮跳槽或轉型，到以下的網站做個跳槽轉型的心理測驗：

http://www.cheers.com.tw/activity/change/quiz.asp?etype=msn；
或者先問自己幾個主要問題：

1.我喜愛我正在從事的工作嗎？我感到工作給我帶來的快樂嗎？（三七定律：你對30%以上的工作任務感到枯燥、反感甚至厭惡。）

有句格言說「做你喜歡的事，錢會隨後而來」。如果你為了賺更快更多的錢而離開你所熱愛的職業，那你就是在做一種交易，而犧牲的是最寶貴的—時間。

2.自己的付出是否不被認可，或薪酬停滯已久？
所謂「旁觀者清」，不妨約你的上司談談，向他解釋你目前的感受，問問他，你到底要如何做才能更好。也許從上司的言談中，可以旁敲側擊出你還有多大的發展前途。

3.前程遠大或前途堪慮？

你覺得自己有可能被提升嗎？或者，前面是不是一條死胡同？工作有時候如同結交異性朋友一樣，你總想知道有一天，你能否得到一聲個承諾，否則，你就該抽身退出了。

4.鬥志低落，衝勁日減，常無精打采。

留在一個無望的職業，你可能不再關心能從工作中學到什麼。而在一個令人傾心的工作中，我們會不斷的尋找發展機會。當你停止學習時，你就會裹足不前。只有不斷的進取才能促使人對自己的需要進行新的評估。

5.覺得自己不再忠於這份工作了嗎？

你怨恨目前的工作，對它毫不關心；甚至已開始留意招聘廣告，到處打聽消息，接受面試。這一切，說明你已開始背叛原先的工作，到了這一步，還有沒有挽回的餘地呢？

6.我將付出什麼樣的時間承諾？

屬意的新工作給你高薪，但超時工作且24/7（每周7天，每天24小時）都處在待召狀態的生活，你是否能承受？

7.役財而不役於財，我為生活而工作，還是為工作而生活？

是否會因為花費常常超支，迫使你得更賣力工作償還債

務？英文有句諺語 " Make your money work for you instead working for the money." 人的生活方式是可以選擇的，" You can choose your life style; it's in your control!"

8.聽取灼見。

　　朋友和周圍人都說你應該改行，你自己也開始認為他們說的有道理。但同樣地，轉職最忌人云亦云、好高騖遠。過份理想化轉職的結果，帶給你的不一定是美好的將來，反而容易讓你遭受更大的挫折失落。

9.我處於生命中的什麼階段？

　　當我們渡過生命中不同的階段時，工作的重要性也隨之起了變化。事業起步時，全心全意地投入工作，尤其在為爬上公司更高的位置而奮鬥時。然後，隨著結婚、建立家庭，開始意識到除了爬升到公司的頂尖之外，生命中還有其他事情更值得參與。我們所奮鬥的一切，都為了能維持某種意義的平衡。如果你現在的工作允許你在需要時能夠有暇離開，那你在換工作時要再三考慮一番；你不可能擁有全部，有些東西必須放棄。

　　其實，即使你已經得到了新的工作，但離開之前，再問問你的上司，是否願意用加薪或升職來挽留你；當然，你的態度必須是誠懇、低調的，切不可用張狂的口氣來要脅。你可以告訴他，有人希望你到他們那兒去工作，但你還拿不定主意，不知道該不

JOB-SEEKING

該接受。畢竟你已非常熟悉這裡的一切，不知道公司是否還有別的更好的機會給你等等，你很可能會得到衷心的挽留。

離職的藝術

　　如果你已經下定決心離開，所謂「人過留名，雁過留聲」，離職也應該走得瀟灑，善始善終。　在離職的過程中，我們要儘量避免負面的影響，不要誤認為離職或跳槽，是意味著對過去的結束和否定，要積極地處理好新舊職場裏的各種關係?尤其是人際關係。

　　廣東有句諺語說「山水有相逢」，意思和「地球是圓的」道理一樣，每個人都希望在人生的轉角處遇到的是朋友而不是敵人；因此離職時，你對上司、同事、下屬的態度就能決定以後你與他們的關係是朋友還是敵人。上班族的朋友應把圓滿離職當作是份內的工作，由一個人的離職過程，可以評斷出他的工作態度及品德修為，也是新主管評鑑此人是否能克盡職守、負責的重要參考依據。

圓滿離職的十大技巧

真的決定要走了，離職前該做些什麼事情及怎麼做，才能將尷尬或甚至彼此的傷害減到最低呢？

1. 決定離職時，務必先向上司口頭報告與溝通，獲得應允後才正式提出辭呈。

2. 在未獲書面核准前千萬別洩漏消息，以免被誤會故意破壞上班氣氛，或想藉此達到其他目的。

3. 絕對不可以在辭呈核准前，對外（例如向客戶與往來廠商）放話你將離職，如此會讓客戶產生不安，阻礙公司正常的營運。

4. 不管離職原因為何，不可過河拆橋，要心存感謝這份工作讓自己得到成長，並開拓了自己的人脈。

5. 俗話說：「一日為師終身為父」，不管跟主管合作得愉快與否，畢竟他們都是曾授予專業知識的老師，臨別時都要表達自己對他（們）的敬重與感謝。

6. 不可以提供公司機密作為找新工作的籌碼。

7. 離職時不願留下聯絡者，大多是在原公司表現不佳而心虛，深怕自己在原公司的惡名惡行傳到新公司，影響自

己的前程，所以離職前留下聯絡電話是對自己人格保證的一種負責行為。

8.到新公司履任新職時，千萬別批評原公司的制度或產品，亦不可破壞舊公司的形象，反而要以曾是舊公司的員工為榮；但別做的過了頭，讓新公司誤會你是「身在曹營，心在漢」。

9.試著以自己為橋樑，儘量整合新舊公司的資源，讓兩家公司因自己而開始建立新的合作關係。

10.不要一離職就與舊公司恩斷義絕，換個角度把舊公司當「娘家」，新公司當「婆家」，要與娘家保持聯絡，更可以偶爾回娘家看看關懷自己的長官及同事。

離職前的報告與溝通

1.找適當的時機向主管誠懇地表達自己的離職意願及原因。

2.向主管表達自己對公司、長官長期栽培的謝意，及對公司的懷念。

3.與主管溝通離職的適當時間（自己提案由主管裁決）。

4.與主管口頭溝通並決定離職日後才正式提出書面辭呈。

5.接獲主管批示下來的辭呈後，才可正式向同事或往來客戶告知自己已獲准離職。

關於寫辭呈，不必長篇大論，只要說明基本情況與要點就可以了。你不妨開門見山，說明自己已接受了另一份工作或有其他的離職原因；接著一定要說明自己的最後一個工作日，給公司一個期限準備。期限的長短是依照你與公司的合約規定，但至少要提前一周提出辭職。

你也可以說明你接受那份新工作的原因是它更適合你的個性，或予你更大空間發揮你的專業特長。當然更重要的是感謝你的顧主為你提供了在原公司服務的機會。請參考以下的辭職信範例：

中文辭呈範例

日期

尊敬的人事部 X 經理：

謹此報告 閣下本人已接受另一家公司的聘請，從事個人偏愛的市場策劃工作；因此，很遺憾地無法續任 ×× 公司人事部秘書之職務。2003 年 6 月 6 日將會是本人服務的最後一天。 借此機會感謝您為我提供了在 ×× 公司工作的機會，我非常珍惜這次寶貴的工作經驗。 多謝！

衷心祝福 ×× 公司的業務蒸蒸日上，也祝同事們事事順利！
順頌時祈

簽名 敬上

英文辭呈範例

Sender's Name

Sender's Address

Date

Receiver's Name

Receiver's Address

Dear XXX:

Re:<u>Job Resignation</u>

It is very regretful to inform you that I have accepted a job offer doing marketing related activities--I have always had strong interests in the Marketing business.

Therefore,I must resign my job at XX Company.If you agree, June 6th,2003 will be my last employment day at XX Company.

I deeply apologize for all the inconveniences I have caused you,and sincerely appreciate that you have given me the opportunity serving at XX Company. Working for XX Company is a pleasant and unforgettable experience to me.

Yours truly,

Sender's signature

離職前的交接事宜

1. 紀錄自己每天的工作項目及內容、工作流程、及應注意的特殊事項。

2. 列出與客戶或往來廠商的聯絡清單,包括承辦人姓名及電話,或備註每位客戶的特徵,與往來應注意的事項等。

3. 在離職前盡量將完成手邊的工作,讓自己走得無後顧之憂,也讓繼任者能輕鬆的交接。

4. 通知客戶與往來廠商自己即將離職,感謝對方長久以來的照顧,並介紹接任同事,請其繼續支持與關照。

5. 留下自己或新公司的電話、地址,方便同事及主管隨時聯絡。

6. 繳回所有屬於公司的物品,辦好離職手續。絕不可乘機將公司機密文件影印帶走,也別順便帶走原單位的「資源」。離職時不要拿走任何資料,包括名片夾也不要帶走,只應拿走屬於你的私人用品。

7.離職日當天應將桌子裏外清理乾淨,將所有的文件檔
　案排列整齊,與交接者當場做最後的說明確認及正式
　的移交。

8.禮貌地向公司上下的員工辭行,致最高的謝意與懷念。

後記
成功只在一念間

人的一生有好幾個階段，像攀岩般，想往上爬就得要有足夠的體力、耐心、還有智慧才能到達山頂。

離開學校進入社會，是人生中一個很重要的階段。一旦選擇錯誤可能會讓人兜兜轉轉一大圈才能回到正途；有的人甚至可能就從此被困在轉角處，一輩子出不來；但也有些人會得到高人指點，覓得捷徑，兩三下就攀到高峰。

人通常都是只看到事情的表面，所以仰望高處，心中有時不免意難平，於是暗自思量：「為何大家旗鼓相當，成就卻有高低？」幸運當然是存在的，但前提一定是要自己先有某種程度的付出，才有收穫的。凡事皆有其一定的因果關係，這不是老生常談。結的果是大是小、是苦是甜，端看你與它的因種的是深還是淺。幸運不會一直常伴左右，平步青雲的機緣，除了需要靠貴人提攜，平時自身也需付出甚多：培養良好的習慣、開朗的心情、寬廣的胸懷、廣結善緣，自然會比別人多些機會得到貴人的青睞。

有些人看到此，會覺得：「哇！要做這麼多的事，大概很難，也可能要花很長的時間。」其實這些都只在你的一念之間，不相信？看看下面這幾個小故事，你就知道我沒有騙你了：

✔ 原來獲得賞識很簡單，養成好習慣就可以了。

有一個人在等待面試時，隨手將走廊上的垃圾撿起來，丟進了垃圾桶，被路過的面試官看到了，因此而得到了這份工作。

✔ 原來出人頭地很簡單，吃點虧就可以了。

有一個人在花店當小弟，他習慣除了將花包的漂漂亮亮地之外，還會細心地先將花刺給剪掉，交給客人時還不忘說明可以放心地捧著花束，並誠心的祝福客人。其他學徒都一直都笑他是多此一舉；在其中一位客人光顧後的第二天，小弟被挖角到那位客人的公司擔任客服部領班。

✔ 原來尋找成功的方法很簡單，做事按部就班不要跳過就可以了。

有一個不諳廚藝的人，一天心血來潮，試著用自己的想像力做菜請客，煮完後卻發現肉沒熟，調味也不對，根本不能入口。沒先參考食譜，門外漢硬充專家的結果就是白白的浪費食物，與留下笑柄。

✔ 原來培養孩子很簡單，讓他吃點苦頭就可以了。

不給孩子零用錢，讓他們高中畢業就去打工，看著孩子每天刻苦的生活，心疼的祖父母對孩子的父親說：「你們的錢不夠用嗎？為何要讓孩子受這些苦。」孩子的父親回答說：「我們不是缺錢用，我是在培養我的孩子。」

☑ 原來掌握命運的方法很簡單,遠離懶惰就可以了。

住在鄉下稻田邊的野狗對住在城市裡的流浪狗說:「你這裡太危險,搬來跟我住吧!」城市的流浪狗說:「我已經習慣了,懶得搬了。」幾天後,田邊的野狗去探望城市的流浪狗,發現牠已被車子壓死,暴屍在馬路上。

☑ 原來脫離沉重的負荷很簡單,放棄固執成見就可以了。

有一隻小雞破殼而出的時候,剛好有隻烏龜經過,從此以後小雞就背著蛋殼過日子。

以上這些小故事都說明了機會是留給有準備、用心做事的人。企業會把提拔人才或升遷的機會,留給隨時在做準備的員工。對於社會新鮮人而言,尤其是要隨時有接受各項任務的心理準備,就算是mission impossible,都可以當作是磨練自己的做事方法與態度的機會,而且一旦成功了,必定會有非常大的成就感。

真正成功的人常常保持熱忱,主動多負起一些責任;常常和別人溝通,表達自己的意見;常常保持進步、成長,參加講習、訓練等充實自己的方式,所以一旦機會來臨,他們也就有充分的能力可以大展身手。

各位讀者未來在工作上可能慢慢會發現,高學歷與埋頭苦幹只是成功的一部分條件,真正成功的人常會去做失敗者不願意做的事,而且會把它培養成一種習慣。當大家發現一件事是「只有責任沒有權力」的時候通常都不願意去做,而你卻把它當成一個機會拿來做,在大家都放棄的時候,你就有了成功的機會。

附錄一：人力資源相關網站

工作說明（英文）：〝The Occupational Outlook Handbook〞

http://stats.bls.gov/oco/oco1002.htm

臺北市政府勞工局

http://www.bola.taipei.gov.tw/DupeWeb/

臺北市政府勞工局就業服務中心（大台北才庫）

http://www.okwork.gov.tw/

行政院勞工委員會

http://www.evta.gov.tw

求職工作網站

臺灣地區：

http://www.104.com.tw

http://www.1111.com.tw

http://www.9999.com.tw

http://www.cheers.com.tw

http://www.ctcareer.com.tw or

http://www.ctjob.com.tw

http://www.erc.com.tw

中國/香港：

http://www.chrm.gov.cn

http://www.21jobs.net

http://www.career-post.com

http://www.chinacareer.com

http://www.china-hotjob.com

http://www.jobcn.com

http://www.jobs.gov.hk/nfindexc.htm

http://www.labournet.com.cn

http://www.ndtinfo.net/hichina1/otherweb/job.html

http://www.newjobs.com.cn/index.jsp

http://www.swifthorse.com

http://www.csb.gov.hk

http://www.careers.labour.gov.hk/2000/practice/handbook1/content1.htm

http://www.jobspower.com

性向與職業配對心理測驗

http://www.104heart.com.tw/cfdocs/heart/Top30_a.cfm

http://www.tisnet.net.tw/cgi-bin/head/euccns?/fashion/heart/test.html

http://www.strongnet.com/jobcq/content/test/default.htm

跳槽自我測驗

http://www.cheers.com.tw/activity/change/quiz.asp?etype=msn

高雄市工商登記資料查詢

http://se450.kcg.gov.tw/~rbweb01/

勞動基準法網站

http://www.labor.net.tw/

經濟部工業局公司登記資料及申請案件查詢系統

http://www.moea.gov.tw/%7Edoc/ce/cesc1004.html

經濟部公司登記資料庫

http://www.corey.hinet.net/business/

臺北市公司及商業登記管理資料庫
　http://ooca.dortp.gov.tw/

薪資調查網站

　臺灣地區：
　　　http://www.hrgini.com/jobseeker/number01.htm

　中國/亞洲：

　　　http://salary.chinahr.com/result5/index.asp

　　　http://www.eetc.globalsources.com/ART%5F8800
　　　273712%5F617743%2C617751.HTM

附錄二：各行各業的英文關鍵字與職務簡述

在撰寫英文履歷時，求職者可參考使用下列建議之關鍵字與職務簡述來作正面的敘述。

求職者千萬不可以把所有在此列出的「建議」關鍵字與職務簡述都寫進你的履歷中，只能寫你真正做過的事情。

Accountant／Clerk／Bookkeeper 會計師／簿記員

◆Required條件

☑ BS in finance or accounting with 4 years of experience or

☑ MBA in related field with 2 years of relevant experience

☑ accounting

☑ financial reporting

☑ financial statement

☑ Excel

◆Desired*需要技能*

ability	能力才幹
analytical ability	分析能力
business policies	貿易政策
customer	顧客
financial analysis	財務分析
financial	金融財政
forecasting	預測
policy development	政策發展
process improvement	過程改進
team player	合群者

◆Job Description*職務簡述*

☑ Performed general accounting functions.

從事一般會計職務。

☑ Prepared daily cash reconciliation for business activity, as well as monthly bank reconciliation.

準備當日營業活動的現金收支差額平衡表,及每

月銀行的收支差額平衡表。

☑ Posted daily entries, reconciled receivable to general ledger.

紀錄每日細目帳、應收帳款差額平衡並轉入總帳。

☑ Maintained petty cash balance.

維持小額現金的結算。

☑ Compiled and prepared monthly statistical reports

收集與準備每月統計報告。

☑ Processed and filed quarterly and annual tax reports.

辦理與申報季度和年度報稅事宜。

☑ Coordinated year-end audit.

負責年終財務審查。

☑ Prepared tax returns and financial statements.

準備報稅及財務報告。

☑ Communicated with controller／CFO and top management about accounting procedures, problems or potential problems.

與審計及高級主管溝通有關會計的程序問題，或未來可能發生的問題。

☑ Assisted customers with deadline payments or installments before placing accounts to enforce collection.

協助顧客在被列入強制催收帳款之前，於截止日前付款或分期付款。

☑ Managed account receivable, billing, and collection.

管理應收帳款、送發帳單、與收帳等事宜。

☑ Managed payroll of ____

管理　　位員工的薪資發放。

求　職 *EASY JOB*

☑ Analyzed financial information and prepared financial reports to determine or maintain record of assets, liabilities, profit and loss, tax liability, or other financial activities.

分析財務資訊及準備財務報告，已測定資產、債務、盈利虧損、稅付、及其他財務活動的去留。

☑ Processed staff and administrative payroll and personnel related form, including time sheets and change forms.

主理員工與主管的薪資發放，及與人事有關的表格，如簽到表和資料變更申請表。

☑ Review accuracy of forms, identified and resolved discrepancies and verified account numbers and pay rates.

審核表格的正確性，確認及解決不合之處，驗明帳號及薪資等級。

☑ Performed computerized batch entry and editing of payroll time input.

從事電腦化的整體輸入和編輯薪資時間表。

☑ Compiled and entered payroll data, posted wages, reconciled errors, such as hours worked, sales, orpiece-work, taxes and insurance and union dues to be withheld.

收集與輸入薪資資料，列明薪資等級，調整差額，如工時、銷售額、論件計酬、稅金、保險及工會會費的預繳等。

Business Operations／Customer Services Specialist　業務／客服專員

◆Required*條件*

☑ bachelor's degree

☑ 4 years of related experience

☑ production schedule

☑ project planning

◆Desired*需要技能*

ability to implement	執行能力
ability to plan	計畫能力
analytical ability	分析能力

automatic tools　自動化工具

automatic tools	自動化工具
automation	自動化
customer interaction	顧客互動作用
customer interface	客戶介面
data analysis	資料分析
network	網路
skills analysis	技能解析
team player	合群者

◆Job Description *職務簡述*

☑ Developed new accounts.

開發新客戶。

☑ Greeted customers, checked product on shelves and display.

接待顧客，檢視架上貨品及商品的陳列

☑ Greeted customers, responded telephone ad in-person inquiries, provided information regarding policies, procedures, and special events.

接待顧客，回答電話與店內顧客查詢，提供關於
政策、程序、及促銷特別活動等的資訊。

✓ Provided customer services, explained
merchandise, ring purchases, wrapped gifts, and
maintained department.

為顧客提供服務，解釋商品，收款，包裝禮物，
和維持店內整潔。

✓ Took orders on phone, mailed orders, and filed.

以電話接洽訂單、寄送訂貨、存檔。

✓ dvised customers by phone for installations,
upgrades, disconnection, and adding services.

在電話中告知顧客關於安裝、升等、中止與加值
服務等資訊。

✓ Maintained regular contact with customer base
through written and telephone correspondence.

以郵件和電話來與客戶保持常態聯絡。

☑ Recommended products, maintained, and directed vendors executing assigned marketing programs.

推薦產品、維持和指導商家執行指定的促銷計畫。

☑ Greeted visitors, answered telephone, used computer to enter time sheet, took care of customers' needs.

接待顧客，接聽顧客來電，操作電腦以輸入時間表，照顧顧客的需要。

☑ Displayed merchandises in the selling area, demonstrated products and helped guests in choosing merchandise, operated the cash register.

於銷售區內陳列商品、說明示範產品、協助顧客選購商品、操作收銀機。

☑ Handled the customer purchases, answered any inquiries, and wrapped merchandise.

處理收款、回答顧客詢問、包裝商品。

☑ Received payments, operated register, issue receipts, handled credit transactions, recorded for the amount received, and kept the area neat.

收款、操作收銀機、開收據、辦理信用卡付款、記帳、和保持店內整潔。

☑ Participated in all aspects of the business, traveled and attended trade shows, analyzed and reviewed sales results.

參與所有業務，出差參加展銷會，分析檢討銷售成果。

☑ Made sales presentations orally and in written to existing and potential customers, entered data into the billing system.

以口頭及郵件介紹產品給舊客戶和可能的新客戶，輸入資料進入會計收帳系統

☑ Madc cold calls, took and entered orders, printed invoices, and entered customer information.

致電客戶，接訂單，輸入訂單，印列發票，及輸入客戶資料。入客戶資料。

✓ Ensured a safe and pleasant reception area, present excellent public relation in the neighborhood.

保持展銷區內的安全和愉悅的氣氛，做好公關。

✓ Ready work station at start of shift, stroke and balanced cash and transactions at end of shift.

上班前打點好工作站，下班後結算及平衡收支金額。

✓ Acquired and maintained current knowledge of company's products and services. Maintained current awareness and knowledge of all applicable government regulations.

明瞭公司的產品與服務，和政府的相關規定。

Financial Analyst　金融分析師

◆Required*條件*

✓ BS in finance or accounting with 4 years of experience or

- ☑ MBA in related field with 2 years of relevant experience
- ☑ certified public accountant
- ☑ forecasting

◆Desired *需要技能*

accounting　會計

develop trends　發展趨勢

financial modeling　財務模式

financial statement　財務報表

financial　金融財政

presentation skills　會議報告技能

results analysis　結果分析

strategic planning　策略計畫

team player　合群者

trend analysis　趨勢走向分析

trend　趨勢走向

◆Job Description*職務簡述*

☑ Prepared annual operating budget for _____

為_____部門準備年度預算。

☑ Prepared monthly budget performance.

準備每月預算執行。

☑ Developed financial statements.

建立財務報表。

☑ Conducted cash management and cash flow forecasting.

處理現金管理及流動現金的預算。

☑ Handled financial matters ad negotiations related to line of credit, banking fees, vendor terms and insurance policies.

處理財務事項，與協商有關信用、銀行費用、商家期約及保險政策。

✓ Audited and prepared annual report of corporation and affiliate corporations.

審查及準備公司及合作公司的年度報告。

✓ Dealt independently with representatives of outside agencies.

獨立對外交涉。

✓ Pursued funding for and oversaw research in fields affecting programs and clients.

開發經費及監督涉及之企劃案與顧客的研究。

✓ Developed and implemented of print and online marketing strategies.

發展與實行平面及網上的行銷策略。

✓ Analyzed＿＿＿costs for executive management on a weekly basis

每星期為管理階層做＿＿＿的成本分析。

Information／Software Engineer 電腦資訊師／軟體工程師

◆Required *條件*

- ☑ BS／MS in engineering, computer science or closely related field

- ☑ 8 to 9 years of experience

◆Desired *需要技能*

code development　法規發展

communication skills　通訊／溝通技能

DASD　直接存取儲存裝置

experiment design　實驗設計

methodology　方法論

problem solving　問題求解

prototype　原型

real time　即時

software design　軟體設計

structured design　結構化程式設計

supervision　監督

testing　測試

◆Job Description*職務簡述*

☑ Maintained and implemented＿＿＿system.

維持和完成＿＿系統。

☑ Analyzed, maintained, and enhanced＿＿＿
system.

分析、維持、和加強＿＿系統。

☑ Familiar with languages: C, C++, JAVA, JAVA
SCRIPT, VISUAL BASIC, SQL, HTML, AND
XML.

熟悉的程式語言： C 與 C++、JAVA 與 JAVA
SCRIPT、VISUAL BASIC、SQL、HTML 與
XML（基本網頁設計）。

☑ Computer systems: Windows 98, ME, 2000,
XP, UNIX and LINUX.

電腦系統：中英文視窗 98, ME, 2000 與 XP
基本設定至高階運用純熟，熟悉UNIX 及 LINUX
基本架構，設定與運用。

✓ Proficient in MS Words, PowerPoint, Excel, and graphic design software packages like: Photoshop (for photo creation and editing), flash (for animation), Acrobat, Project、Front Page、Access.

應用程式：熟悉微軟 OFFICE 套件 （版本 2000） 中高級運用，包括WORD、EXCEL、POWER POINT、PROJECT、FRONT PAGE、ACESS。

✓ Commercial software: Quicken and MS Money

商用軟體：QUICKEN 及微軟 MONEY。

✓ 2000 SERVER, Win 2000 PRO, Win 98; FILE and WEB SERVER in LINUX network

Network set up used systems include: Win 2000 SERVER, Win 2000 PRO, Win 98; FILE and WEB SERVER in LINUX network

網路架設：1.曾使用視窗 2000 SERVER及 視窗 2000 PRO與 視窗 98建立中小型辦公室網路； 2.LINUX 架構的 FILE 及 WEB SERVER。

Secretary／Assistant／Office Clerk
秘書／助理／文員

◆Required *條件*

- ✓ high school education or equivalent
- ✓ 5 years of experience
- ✓ typing skill of 55—60 wpm
- ✓ interpersonal skills
- ✓ oral communication

◆Desired *需要技能*

administrative assistance　行政助理

answer phones　接聽電話

appointments　約會

clerical　文員

communication skills　溝通技巧

confidential　機密

data analysis 資料分析

document distribution 文件分發

edit 編輯

file maintenance 檔案維護

mail sorting 郵件分類

word processing 文書處理

policies and procedures 政策和程序

presentation 會議報告

problem solving 解決問題

project planning 專案規劃

records management 記錄管理

reports 報告

schedule calendar 行程表

screen calls 過濾電話

secretarial 秘書的

telephone interview 電話訪談

troubleshoot 檢修問題

◆Job Description*職務簡述*

☑ Provided secretarial support services: reception, phone answering, call screening, message taking, composing correspondence, filing, scheduling, data entry, documentation, etc.

提供各類秘書服務：接待訪客、接電話、過濾電話、紀錄留言、處理信件、建檔、安排行事曆、輸入資料、文書處理等。

☑ Administered daily office operations.

執行辦公室的例行運作。

☑ cheduled and arranged for meetings and special events.

排定會議及特殊活動時間表。

☑ Maintain and prioritized appointment calendar, and assisted with travel plans.

維持行事曆與排定其優先順序，並協助安排出差計畫。

✓ Produced correspondence, documents, and organized meetings for staff.

製作信件、處理文書、組織人員協商。

✓ *Proficient in MS Words, Excel, Access, PowerPoint.*

熟練操作電腦及其他應用軟體來製作文書、試算表、資料庫、會議報告。

✓ Drafted and distributed invitations, announcements, records, reports, charts, and various materials.

製作及分發邀請函、公告、紀錄、報告、圖表、和各式資料。

✓ Proofread and edited documents for clarity and grammar.

校對及編輯文件,以確保文意明確和文法正確。

✓ Provided general research project and administrative support such as editing and preparing data for review and entry.

☑ Provided administration support to top management.

　為高層提供所有行政支援。

☑ Operated various office equipment as following：computer, fax machine, calculator, and photocopier.

　操作各種辦公室設備，包括：電腦、傳真機、計算機、及影印機。

☑ Maintained inventory and ordered office supplies.

　維持存貨及訂購辦公室用品。

☑ Provided clerical support to department relating to a variety of equipment needs, including typing, word processing, ordering, and tracking equipment inventory.

　為提供部門有關使用設備所需之文員支援，包括：打字、製作文書、用品訂購、及追蹤設備存貨

☑ Updated database to ensure accuracy of billing for equipment.

隨時校正資料庫最新資料，以確保有關設備的清單正確 。

☑ Handled all administrative duties such as typing, petty cash and expense reports, filing, word processing, faxing, scheduling, and contacting participants.

處理所有行政事項，例如，打字、辦公室零用現金支出紀錄、建檔、文書處理、傳眞、安排時間表、聯絡參與者。

☑ Oversaw daily office functions. Provided full range of secretarial and administrative support including: prepared and edited reports and presentations, replied to routine correspondence, opened and routed mail, organized files, provided phone coverage, coordinated travel plans and produced itineraries, scheduled meetings and dept supervisor's calendar.

監督每日辦公室的各項事務。提供所有秘書及行政範圍內的支援，包括：準備、編輯和發表報告，處理郵件，回覆信件，建檔，接電話，協調

出差計畫及製作旅行行程表，排定會議行事曆，和保持上司的行事曆正確。

☑ Answered telephones, provided requested information and materials, maintained and updated various database files, produced routine communication and formed letter, proofread and edited documents, maintained inventory ad ordered supplies.

接電話，提供所需之資訊，維持及補充各類資料、檔案，製作例行的通知與信件，校對和編輯文件，維持存貨及訂購用具。

☑ Administered daily operations: answered telephones, screened calls and took messages. Generated letters, memoranda, reports, forms, newsletters and brochures. Set up spreadsheet, entered data, edited and updated documents and information.

處理日常職務如下：接聽電話、過濾電話、及留言。製作信件、備忘錄、報告、表格、通訊錄、及手冊。建立試算表、輸入資料、編輯、和隨時校正文件及資訊。

✓ Stayed aware of all manager's activities and accounts, typed correspondence and proposals.

清楚經理所有的活動及帳目，處理信件，及提企劃案。

✓ Filled in where necessary.

隨時提供支援。

Supervisor／Business Manager　主管／業務經理

◆Required *條件*

✓ BS in engineering or computer science

✓ 10 years of related engineering and／or manufacturing experience

✓ strategic planning

✓ network

✓ product management

✓ program management

◆Desired*需要技能*

business plan　貿易計畫

CAM　電腦輔助製造

general management　總務

line management　直線管理

marketing　行銷

OEM　原設備製造商

product strategy　產品策略

profit and loss　盈虧帳目

vendor　賣方

team player　合群者

◆Job Description*職務簡述*

☑ Supervised, monitored, and directed daily operations of a team.

管理、監督、及指導小組每日的運作。

☑ Kept track of day-to-day operation of the office.

監管日常辦公室的運作。

☑ Maintained smooth day-to-day operations of the office.

維持辦公室每日的運作順暢。

☑ Provided management support: assisted recruiting, new staff training, job assignment, and work review.

提供管理階級的支援：協助招聘人員、新進職員的訓練、分派工作、及督導工作情況。

☑ Supervised, directed, trained, and evaluated staff.

管理、指導、訓練、及評估員工。

☑ Supervised staff, assigned jobs, negotiated duties, and monitored their works.

管理員工、分派工作、協調職務、及督導他們的工作。

✓ Designed staff training, directed its implementation, completed all required reports／documents／evaluations in a timely manner, and attended staff meeting periodically.

設計員工訓練、督導課程的執行，及時完成所有需要的報告、文件、或評估，並定時參與員工會議。

✓ Formulated and administered organization policies and procedures as well as developing and executing strategic long term goals and objectives.

制定與實施公司機構的政策和程序，以及發展和執行長期策略性目標及目的。

✓ Advised on development of projects.

對發展計畫提出建言。

✓ stablished, implemented, and administered company projects and plans.

建立、完成、及執行公司的企劃和構想。

✓ Assisted with resolution of problems.

協助解決疑難雜症。

✓ Planned, directed, and coordinated supportive services of an organization, such as record keeping, mail distribution, reception, and other office support services.

計畫、指導、及協調機構的支援服務，例如，紀錄的保持、郵件的分派、接待服務、和其他各類支援服務。

✓ Oversaw facilities planning, maintenance, and janitor operations.

監督公司設施計畫、維修、以及清潔管理。

✓ Planned and directed 一policies and programs to create or promote interest in a product or service for a department, an entire organization, or an account basis.

計畫和指導的政策及企劃，以創造或提高一個部門、整個機構、或一位客戶的產品或服務的興趣。

☑ Developed and implemented new procedures, prepared reports, maintained statistical records, and all related functions.

發展及實行新的程序，準備報告，保管統計資料、和其他相關的項目。

☑ Developed innovative and flexible plans to address business needs and market changes.

因應業務上的需要和市場的變更，來發展創新的、可調整性的計畫。

Appreciation

感謝名單

感謝朋友、家人，特別是我的丈夫Patrick，在我閉關寫書的期間，給我無限的支持與鼓勵。

校稿

家父汪叔游教授

家母汪李邦彥女士

侯念斯小姐

拍照場景提供

Acupuncture Chinese Health-Care Clinic

加拿大 Walton College

照片人物與服裝提供

Mr. Adrian Fung

Mrs. Jill Rigby

Ms. Amber Chen

Ms. Gladys Chan

Ms. Winnie Chen

陳國容小姐

陳端群先生

陳熾煌先生

劉起漢先生

家姊汪意如小姐

家兄汪湛如先生

家姊汪九如小姐

求職EASY JOB

著　　者／汪心如

出 版 者／生智文化事業有限公司

發 行 人／林新倫

企劃編輯／趙明儀

登 記 證／局版北市業字第677號

地　　址／台北市新生南路三段88號5樓之6

電　　話／(02)2366-0309

傳　　眞／(02)2366-0310

E-mail／book3@ycrc.com.tw

網　　址／http://www.ycrc.com.tw

郵撥帳號／19735365

戶　　名／葉忠賢

排　　版／康百利有限公司

美術編輯／洪輝銘

封面設計／呂慧美

印　　刷／鼎易印刷事業股份有限公司

法律顧問／北辰著作權事務所　蕭雄淋律師

初版一刷／2003年6月

定　　價／新台幣149元

Ｉ Ｓ Ｂ Ｎ／957-818-518-9

- -

總 經 銷／揚智文化事業股份有限公司

地　　址／台北市新生南路三段88號5樓之6

電　　話／(02)2366-0309

傳　　眞／(02)2366-0310

- -

國家圖書館出版品預行編目資料

求職 Easy Job! / 汪心如作. -- 初版. -- 臺北
市 : 生智, 2003[民 92]
　　面 ；　　公分
部份內容中英對照
ISBN 957-818-518-9(平裝)

1. 就業　2. 履歷表 - 寫作法

542.77　　　　　　　　　　　　　　92008921

LOT 系列

D6101	觀看星座的第一本書	王瑤英/譯	NT:260
D6102	上升星座的第一本書 (附光碟)	黃家騁/著	NT:220
D6103	太陽星座的第一本書 (附光碟)	黃家騁/著	NT:280
D6104	月亮星座的第一本書 (附光碟)	黃家騁/著	NT:260
D6105	紅樓摘星—紅樓夢十二星座	風雨、琉璃/著	NT:250
D6106	金庸武俠星座	劉鐵虎、莉莉瑪蓮/著	NT:180
D6107	星座衣 Q	飛馬天嬌、李昀/著	NT:350
XA011	掌握生命的變數	李明進/著	NT:250

FAX 系列

D7001	情色地圖	張錦弘/著	NT:180
D7002	台灣學生在北大	蕭弘德/著	NT:250
D7003	台灣書店風情	韓維君等/著	NT:220
D7004	賭城萬花筒—從拉斯維加斯到大西洋城	張 邦/著	NT:230
D7005	西雅圖夏令營手記	張維安/著	NT:240
D7101	我的悲傷是你不懂的語言	沈 琬/著	NT:250
XA009	韓戰憶往	高文俊/著	NT:350

李憲章 TOURISM

D8001	情色之旅	李憲章/著	NT:180
D8002	旅遊塗鴉本	李憲章/著	NT:320
D8003	日本精緻之旅	李憲章/著	NT:320

元氣系列

編號	書名	作者	定價
D9101	如何征服泌尿疾病	洪峻澤/著	NT:260
D9102	大家一起來運動	易天華/著	NT:220
D9103	名畫與疾病—內科教授為你把脈	張天鈞/著	NT:320
D9104	打敗糖尿病	裴 駒/著	NT:280
D9105	健康飲食與癌症	吳映蓉/著	NT:220
D9106	健康檢查的第一本書	張王黎文/著	NT:200
D9107	簡簡單單做瑜伽—邱素貞瑜伽天地的美體養生法	陳玉芬/著	NT:180
D9108	打開壓力的拉環—上班族解除壓力妙方	林森、晴風/著	NT:200
D9109	體內環保—排毒聖經	王映月/譯	NT:300
D9110	肝功能異常時該怎麼辦？	譚健民/著	NT:220
D9111	神奇的諾麗—諾麗果健康法	張慧敏/著	NT:280
D9112	針灸實務寶典	黃明男/著	NT:550
D9113	全方位醫療法	王瑤英/譯	NT:250
D9114	一生的性計畫	張明玲/譯	NT:700
D9115	妳可以更健康—正確治療婦女疾病	李奇龍/著	NT:300
D9116	性的魅力	范琦芸/譯	NT:300
D9117	讓瑜伽當你健康的守護神	陳玉芬/著	NT:300
D9118	十全超科學氣功—祛病靈修實務	黃明男/著	NT:250
D9119	觀象察病—如何解讀疾病的訊號	姚香雄/著	NT:200
D9201	健康生食	洪建德/著	NT:180